## ELOGIOS PARA *HER*

I0869437

«En su libro *Hermanas*, Noemí, Kristy y
han tejido un hermoso tapiz con las histo
cas entrelazadas con su propia fe, liderazg
Ellas no ignoran ni deshonran los dilemas éticos, sociales y espirituales que afectan en la actualidad a las mujeres latinas. Las autoras han sido profundamente honestas al relatar sus historias no por sentimentalismo, sino para resaltar la fidelidad de un Dios que nos hace audaces, resistentes, leales, sabios y comunitarios. Del mismo modo en que el Señor obró en las vidas de Rut, María, Débora, Ester, Rajab y Ana para cumplir Sus planes, también hoy les da Su visión, esperanza y fortaleza a las hermanas latinas. Si deseas aprender más de las heroínas fuertes en la Biblia, estudia la situación de las mujeres latinas en Estados Unidos, de modo que puedas progresar en tu liderazgo. Este libro sin duda será un recurso valioso».

> —Orlando Crespo, director nacional de InterVarsity Latino Fellowship [Comunidad latina InterVarsity], autor de *Being Latino in Christ: Finding Wholeness in Your Ethnic Identity* [Ser un latino en Cristo: Alcanzar una vida integral en tu identidad étnica]

«*Hermanas* es un bello tapiz de historias referidas desde la perspectiva de mujeres latinas cristianas. Puesto que soy una latina que ama a Jesús, de inmediato me sentí atraída a este libro que entreteje la Escritura con la trayectoria de las autoras. ¡No puedo esperar a compartirlo con mis amigas!».

> —Ava Steaffens, directora ejecutiva de Christian Community Development Association [Asociación de desarrollo de comunidades cristianas]

«Este libro articula en la palabra escrita los sentimientos y las experiencias injustas que han asediado a nuestras hermanas en Cristo por tantos años. Las autoras son las guías en este viaje gracias al poder de la narrativa. En él agregan una pizca de teología y nos resumen la dificultad y la belleza de ser una latina en Cristo».

—Noel Castellanos, presidente de Christian Community Development Association [Asociación de desarrollo de comunidades cristianas]

«En *Hermanas*, una excepcional y creativa reflexión sobre la Escritura, las autoras nos ofrecen un análisis íntimo y preciso sobre doce heroínas bíblicas. Nuestra realidad cultural y social forja nuestra perspectiva teológica; por ese motivo es un honor tener a estas excelentes maestras que nos regalan una exégesis bíblica y una hermenéutica cultural contundentes. Ellas nos invitan a participar en un viaje con nuestras hermanas de la Biblia y reflexionan sobre las identidades de estas heroínas para utilizar su influencia y generar un gran impacto. Para las personas que enseñan y predican con base en la Escritura, tener este libro en sus bibliotecas teológicas será una gran ventaja».

—Sandra María Van Opstal, autora de *The Next Worship* [La nueva adoración]

«Este libro es un recurso valioso y bello para el discipulado. Las jóvenes latinas de quienes soy la mentora necesitan el fundamento, el sustento, las fuerzas y la inspiración que este libro ofrece. Lo recomiendo de todo corazón».

—Alexia Salvatierra, profesora afiliada en Centro Latino, Fuller Theological Seminary [Seminario Teológico Fuller]

«*Hermanas* es un texto disfrutable porque proporciona información suficiente sobre los pasajes bíblicos que utiliza. Las autoras analizan la identidad en una forma original que va más allá de la concepción clásica de identidad. Además, ellas utilizan la Escritura como herramienta para orientarnos. En sus escritos nos modelan una forma excepcional de ser guiados por el Espíritu Santo. Este libro es provocador y sin duda edificará tu vida. Es indudable que es una adición necesaria al cúmulo de escritos de las latinas evangélicas. Lo recomiendo».

—Elizabeth Conde-Frazier, coordinadora de relaciones en Theological Institutions [Instituciones teológicas] para la Association for Hispanic Theological Education [Asociación para la educación teológica de los hispanos]

«Durante mucho tiempo, la iglesia ha sufrido al ignorar e incluso sofocar voces como las de Kohn, Robinson y Vega Quiñones. Separa un tiempo y un lugar para leer este libro. En él las autoras nos refieren sus historias personales y examinan la Escritura con sabiduría e inteligencia. Ellas nos invitan a considerar la manera en que un liderazgo henchido de Cristo impacta a los individuos *y* a sus comunidades».

—Kathy Khang, oradora y autora de *Raise Your Voice* [Alza tu voz]

«Un bálsamo edificante y oportuno que verter sobre la crisis de identidad social y de fe que abunda hoy en nuestro país. Estoy agradecida por la sabiduría y la consideración que las tres autoras de *Hermanas* nos ofrecen. Ellas son diferentes, pero comparten su compromiso con Jesús y la justicia social. ¡Como líder latina de fe, me llena de alegría tener un recurso como este! Si estás luchando por comprender los aspectos comunes entre la identidad social, la fe y el ser mujeres, o si estás tratando de lidiar con tu audacia y tu fe, entonces este libro te servirá».

—Alma L. Zaragoza-Petty, coanfitriona de The Red Couch Podcast [El podcast del sofá rojo], escritora, oradora, educadora y mentora

NATALIA KOHN RIVERA
NOEMÍ VEGA QUIÑONES
KRISTY GARZA ROBINSON

# HERMANAS

PROFUNDIZA EN TU IDENTIDAD
Y AUMENTA TU INFLUENCIA

*Hermanas: Profundiza en tu identidad y aumenta tu influencia*
©2020 por Natalia Kohn, Noemí Vega Quiñones y Kristy Garza Robinson

Publicado por Editorial Patmos,
Miami, FL. 33169

Todos los derechos reservados.

Publicado originalmente en inglés por InterVarsity Press InterVarsity Press P.O. Box 1400, Downers Grove, IL 60515-1426, con el título *Hermanas: Deepening Our Identity and Growing Our Influence*

A menos que se indique lo contrario, las citas bíblicas han sido tomadas de la Santa Biblia, NUEVA VERSIÓN INTERNACIONAL® NVI® © 1999, 2015 por Biblica, Inc.® Usado con permiso de Biblica, Inc.® Reservados todos los derechos en todo el mundo.

Las citas bíblicas indicadas con «LBLA» son tomadas de LA BIBLIA DE LAS AMERICAS © Copyright 1986, 1995, 1997 by The Lockman Foundation. Usadas con permiso.

Traducido y editado por Grupo Scribere.

Diseño por Adrián Romano

ISBN: 978-1-64691-025-0

Categoría: Vida Cristiana / Mujeres

Impreso en Brasil | *Printed in Brazil*

# CONTENIDO

# PRÓLOGO
## BIENVENIDAS A LA MESA

NATALIA KOHN, NOEMÍ VEGA QUIÑONES Y KRISTY GARZA ROBINSON

¡Bienvenidas a la mesa, hermanas! Pueden sentarse a nuestra mesa, dispuesta para ustedes por Jesús y las mujeres que nos han precedido. Relájense, respiren profundo y disfruten una cena preparada justo para ustedes. Sepan que Dios desea regalarles Su descanso y Su paz. Él quiere refrescarlas y fortalecerlas como nadie más puede. Deseamos que puedan sentir al Espíritu Santo dirigir sus corazones y sus mentes al leer este libro, de modo que obtengan una esperanza y una perspectiva superior y, sobre todo, que se conecten a Su amor inmenso. Esperamos que se sientan como en casa en nuestra mesa, mientras cenan y reciben lo que el Espíritu Santo tiene listo para ustedes a los pies de las mujeres bíblicas cuyas historias conoceremos más adelante.

Las invitamos al interior de nuestras vidas e historias y también a las de otras mujeres latinas que se nos han adelantado, pero que caminan junto a nosotras hoy. También presentaremos a las escritoras iniciales, nuestras consejeras antiguas que vivieron mucho antes que nosotras y que perdurarán cuando ya no estemos. Estas doce mujeres de la Biblia se han vuelto nuestras amigas queridas y nos han orientado y formado durante años. Esperamos que estas líderes espirituales incrementen su fe, promuevan su identidad latina y fortalezcan su liderazgo. Anhelamos que estén dispuestas a lidiar con las ideas de este libro; que hagan preguntas e inicien diálogos frente al reto que suponen las mujeres del pasado y del presente. También deseamos que su fe y sus voces latinas crezcan.

## LA VISIÓN PARA *HERMANAS*

Este libro surgió de una serie de encargos divinos, invitaciones personales y un anhelo mutuo de producir un recurso de discipulado para líderes latinas en desarrollo. En diciembre de 2015, Natalia Kohn y Orlando Crespo comenzaron a soñar con un recurso para personas latinas con un enfoque especial en desarrollar las voces de las mujeres de esta comunidad. Ya habían transcurrido diez años desde la publicación del importante libro de Orlando titulado *Being Latino in Christ* [Ser un latino en Cristo] y muchos líderes que trabajaban con jóvenes latinos pedían sin cesar recursos y apoyo en su currículo, clases y conferencias de desarrollo de liderazgo. Natalia consultó con unas amigas si estaban dispuestas a escribir un libro para suplir la escasez de recursos para líderes latinas cristianas. Noemí Vega y Kristy Robinson aceptaron la propuesta, animadas a coescribir una obra que transmitiera múltiples puntos de vista.

Nuestro objetivo es que *Hermanas* sea un recurso para desarrollar el discipulado y el liderazgo de mujeres latinas que deseen crecer en su identidad étnica, su liderazgo y su relación con Dios. Este libro también está dirigido a hombres y mujeres que desean empoderar y avanzar junto a líderes latinas en desarrollo. Las mujeres de la Biblia son mentoras para nuestro trayecto como líderes. Esperamos que te sientas bienvenida al interior de las vidas de estas mujeres de Dios, sin importar en qué punto te encuentres en tu camino hacia Él y hacia comprender y aceptar tu identidad étnica. Quizás te sea útil conocer que nosotras tres, en algún punto del desarrollo de nuestra identidad étnica, hemos sentido y lidiado con la mentira de no ser «suficientemente latinas». Si estás frente a ese dilema, oramos para que puedas crecer en las maravillas únicas que nuestra herencia nos ofrece.

Deseamos que veas estas doce historias de la Biblia, al igual que nuestras historias intercaladas, como un cúmulo de sabiduría proveniente de otras hermanas. En este libro hallarás doce relatos que te darán fuerzas y te ayudarán a desarrollarte para el crecimiento del reino. Lo hemos titulado *Hermanas* porque se conforma de historias de mujeres del pasado y el presente que se entrelazan en el tiempo y el espacio. Esperamos que al leer nos veas a nosotras y a esas mujeres como hermanas queridas que avanzan junto a ti en un «momento como este». El Señor nos ha dado estas heroínas bíblicas para estimularnos. Además, Él nos ha dado las unas a las otras para despertar los tesoros que yacen dentro nuestro.

Mientras lees podrás notar nuestros diferentes estilos y personalidades. Algunas de nosotras usamos el espanglish a veces. En ocasiones profundizamos en el contexto bíblico y en otras nos enfocamos en aprender de nuestras experiencias. Fue intencional que cada capítulo presente un estilo diferente, pues así mostramos que el liderazgo es multifacético y que cada persona guía con su propia voz y personalidad. Esperamos que esta estrategia atraiga más *mujeres* al liderazgo. Puesto que cada una de nosotras escribió cuatro capítulos, quisiéramos presentarnos en nuestra propia voz. Gracias por unirte a nuestra mesa.

## PRESENTACIONES Y SUEÑOS

### DE PARTE DE NATALIA KOHN

Mientras crecía, con frecuencia me preguntaban: «¿Y tú, qué eres?». Son muchas las veces que he escuchado que mi piel es de un color «oliváceo» y que soy de «etnia ambigua». Yo solía tener una respuesta automática para esos momentos, pero mientras crecía en el sur de California mi respuesta a esa pregunta comenzó a surgir del corazón. Fui de la exasperación por mis complejidades étnicas a sonreír con confianza y responder que era argentina y armenia.

Yo crecí en Pasadena, California, en una familia pequeña que tenía comunicación constante con nuestra gran familia en Argentina. Crecí con mi *papi*, un inmigrante que solo habla español y que necesitaba que su esposa e hijos hablaran por él cuando se requería el idioma inglés, y una madre armenia americanizada que navegó el sistema de Estados Unidos para que sus hijos pudieran triunfar allí. Durante décadas he lidiado y crecido en estas dos culturas, que son una bendición y un reto, pero todavía tengo mucho que aprender.

Durante la universidad y en los años que trabajé con InterVarsity Christian Fellowship [Comunidad cristiana InterVarsity] comencé mi viaje étnico, donde tendría que lidiar con lo que significa ser argentina y armenia a la vez. Durante ese tiempo comprobé lo comunitario que es nuestro viaje étnico y, al igual que nuestro trayecto con Jesús, no podemos vivirlo en aislamiento: necesitamos a las demás personas. Mi confianza como latina se incrementó en comunidad, a través de mis relaciones con mis hermanas y hermanos. Ser latina pasó de ser una etiqueta a constituir una identidad que honro y aprecio.

Mi esperanza para las lectoras, para cada hermana que lee este libro, sería que avancen con Jesús en su viaje de fe y descubrimiento étnico. Estos dos trayectos deben converger, unirse y ser refinados y transformados continuamente por nuestro Padre celestial. Anhelo que puedas identificarte con nuestras dificultades, historias y deseos y que sepas que no estás sola. He conocido tantas mujeres latinas que van solas en su viaje por causa de la vergüenza, el miedo y el aislamiento, sin jamás haber experimentado la comunidad de hermanas. Espero que nos acompañes (nuestras vidas, nuestras parientes y amigas), que te acerques a Jesús y a estas heroínas bíblicas que también tuvieron que encarnar su género y su fe en relación con los demás. Aprendamos juntas a vivir confiadas como latinas y a guiar en este mundo con el amor, la vida y la luz de Cristo.

Nuestro viaje como mujeres latinas está repleto de historias; espero que puedas identificarte, conectarte y aprender de ellas. Hemos tenido el honor de orientar mujeres y hombres latinos y de otras etnias, estudiantes de universidad, creyentes de nuestra iglesia, cristianos en potencia y no creyentes; todos ellos nos permitieron entrar en sus espacios sagrados con el Señor. Como autoras de este libro sería un honor que nos consideres mentoras lejanas mientras luchas, procesas y creces con Jesús. Deseamos ser un recurso de empoderamiento que te anime a avanzar mientras profundizas en tu identidad, intimidad, influencia e impacto. Nosotras estamos vivas y continuamos aprendiendo al igual que tú. Las mentoras principales de este libro son las doce mujeres de la Biblia que nos guían y nos animan en la fe, la identidad y el liderazgo. Ellas se han convertido en hermanas queridas para nosotras; están llenas de sabiduría y el Espíritu Santo las ha utilizado una y otra vez para aumentar nuestra madurez y crecimiento. Esperamos que ellas también se conviertan en tus mentoras y hermanas.

## DE PARTE DE KRISTY GARZA ROBINSON

Pasé mi niñez en Edinburg, una ciudad fronteriza en el extremo sur de Texas. Soy mexicana-estadounidense de tercera generación. Mis abuelos inmigraron de México a Estados Unidos a finales de la década de 1940. Mis padres nos criaron entre ambos mundos. Yo he sido formada e influida por los valores de la cultura mayoritaria de Estados Unidos. También me identifico como latina, con valores y una forma de ver el mundo que han sido influenciados por mi familia de origen. Toda mi vida he estado geográfica y emocionalmente a horcajadas en la frontera entre Estados Unidos y México, tratando de encontrar mi lugar, pero sintiéndome desplazada en los dos países y culturas. Esto es lo que significa ser una latina estadounidense.

Este libro trata sobre las diferentes experiencias de varias mujeres latinas con sus particulares viajes étnicos y de liderazgo. Espero que podamos aprender unas de otras y también de las mujeres de la Biblia cuyas historias examinaremos. Aunque cada una de nosotras tiene su lugar único en el mundo, también poseemos una identidad colectiva diversa que Dios está construyendo. Sin duda es algo hermoso.

Por eso anhelo que este libro sea un complemento a la identidad que se está fraguando por medio de nuestras voces diferentes.

## DE PARTE DE NOEMÍ VEGA QUIÑONES

¡Hola! Soy la mayor de cinco hermanos, hija de Rigo e Irma, padres inmigrantes muy trabajadores, y alguna vez fui una niña indocumentada. Nací en los barrios pobres de Guadalajara y me crie en la próspera California central, por lo que mi niñez fue multifacética. Mientras crecía, hablaba inglés con mi padre y español con mi madre, esperaba la escuela dominical y los fines de semana con ansia, hacía mandados luego de los deberes de la escuela e iba de vacaciones familiares de verano a México, en largos viajes por auto. En la actualidad, vivo en San Antonio y soy la directora ministerial de la región en InterVarsity Christian Fellowship en el sur de Texas. Aprendí mucho en la ciudad de Fresno durante quince años. Allí mi fe en Jesús se desarrolló e iniciaron mis sueños de transformar las ciudades y los campus.

Espero que este libro traiga sanidad y una poderosa transformación del Espíritu Santo a quienes lo leen. Aprender a los pies de Mija (la mujer que padecía de hemorragias), Rajab, Tabita y María la madre de Jesús ha sido un honor y un reto. Cada una de ellas me ha enseñado a confiar en el Señor con mi vida, mi ser y mis sueños futuros. Este libro está dedicado a mis hermanas que han luchado, como yo, por aceptar su voz y su liderazgo. Crecer como mexicana, latina, chica de piel morena, en Estados Unidos es tan bello como doloroso. Recuerdo ocasiones en que mi cultura fue cuestionada y deshonrada y otras en que mi liderazgo fue cuestionado más que el de mis compañeros hombres. No obstante, también hubo momentos en que mi liderazgo fue acogido y favorecido. Deseo que las lectoras experimenten la sanidad y el gozo que estas heroínas bíblicas nos ofrecen.

Me llena de esperanza saber que en algún punto de la historia Mija, Rajab, Tabita y María vivieron entre su gente e influenciaron sus comunidades. Algunas de ellas influyeron directamente, por voluntad propia, otras lo hicieron de manera indirecta, sin saberlo. Sin embargo, *todas* ellas generaron cambios tras haberse *encontrado* con el Dios vivo. Yo leo sus historias como una gentil, una extranjera que se infiltra en la narrativa, que busca comprender las experiencias de estas mujeres y compartir lo aprendido contigo. Si bien ha crecido la cantidad de mujeres como nosotras en lugares de influencia y liderazgo que buscan orientar a otras, todavía está vigente la necesidad de mentoras latinas en todas las áreas de la vida. Espero que estas mujeres puedan guiarte en tu trayecto como líder. Mi madre siempre me decía: «Mija, dedícale todo a Cristo porque acuérdate que todo lo puedes en Cristo que te fortalece», Filipenses 4:13. Hermana, recuerda que todo, absolutamente todo, lo podemos en Cristo que nos fortalece: a ti, a mí, a nosotras y a nuestras comunidades.

## DEFINIR QUÉ ES UNA LATINA

El lenguaje es un instrumento poderoso que utilizamos para crear sentido y significancia. Santiago advierte que: «Con la lengua bendecimos a nuestro Señor y Padre, y con ella maldecimos a las personas, creadas a imagen de Dios» (Sant 3:9). Las latinas hemos sido definidas mediante el poder y el principado de la raza, por instituciones que procuran estudiar y conocer más sobre este grupo étnico y por personas en Estados Unidos que buscan un término alternativo a *hispano*. En primer lugar, la raza es lo que los sociólogos denominan un imaginario social, un marco operativo que hemos creado y mantenido para separar a las personas por su color de piel. La raza no tiene comprobación científica, bíblica ni filosófica, aunque tiene mucho poder en nuestra sociedad. En realidad, es una etiqueta que se le confiere a una persona solo tomando en cuenta sus características físicas: color de piel, forma de los ojos, tamaño de la nariz y la boca, y demás. Por lo tanto, las latinas somos un grupo social percibido desde la raza, lo cual nos categoriza a algunas como «latinas» y a otras las excluye, o hace sentir a unas «más latinas» que a otras en dependencia del color de su piel u otras propiedades físicas. Este concepto de «más que, menos que, exactamente» se desprende del impacto de la raza en los cuerpos.

La noción de raza construye una definición impermeable de las personas y no logra representar la realidad de la fluidez cultural. La familia de Noemí es un ejemplo de esto. Su madre tiene la piel más clara que su padre. Dos de sus hijos nacieron con la piel más clara que los otros tres; Noemí tiene la piel más oscura de todos ellos. Al considerar su raza, la gente mira como latina a la hermana de Noemí unas veces y otras no. Las personas casi siempre asumen que Noemí habla español porque ella *luce* como ellos piensan que se ve una latina. En realidad, los latinos son descendientes de muchos grupos humanos: africanos, asiáticos, europeos, entre otros. La raza otorga privilegios a los latinos de piel clara y deshumaniza a los de piel oscura. El prejuicio por el color de la piel existe en la comunidad latina por causa del concepto de raza.

La raza ha provocado el dolor que hemos escuchado de mujeres latinas a quienes hemos orientado, pues no «lucen» como latinas o no hablan español. Desde el punto de vista racial, se supone que las personas actúen de una cierta manera y que disfruten y apoyen cosas en particular. Vivir y actuar fuera de esta expectativa desordena la perspectiva racial. Solemos comenzar con la raza porque la creemos un poder y un principado que ha afectado todos los cuerpos. Te invitamos a vivir en la libertad de ser creación de Dios, con una historia, un trasfondo familiar y una situación actual específicas que Dios está formando. Sanemos de la herida racial y de sus expectativas; seamos personas que alteren la ilusión de la raza, que reconozcan sus efectos en nuestro cuerpo.

En segundo lugar, el término *latino* se refiere a personas de culturas y contextos latinoamericanos, hablen o no el idioma español. Muchos desaprobarán (y por razones válidas) el uso de este término en nuestro libro. Nosotras lo utilizamos conscientes de que es limitado e incompleto. La palabra *latino* no se ha desprendido de su contexto racial ni tampoco incluye del todo a personas mestizas o que no hablan español: nuestros ancestros colonizados. En este libro usamos *latino* como un término alternativo a *hispano*, que se refiere a las personas de herencia española. No obstante, el problema con *hispano* es similar al que existe con *latino*: ambos excluyen a las personas indígenas que han vivido en estas tierras durante siglos y dan prioridad al idioma español por encima de las lenguas indígenas. Además, estos términos no cubren la realidad de nuestros ancestros africanos que fueron traídos al continente americano como esclavos.

El Instituto Nacional de Estadística de Estados Unidos se refiere a *todos* nosotros (mestizos, boricuas, chongas, cholas) como hispanos. En ocasiones, esta institución incluso nos ha categorizado como blancos. Como autoras de este libro, utilizamos el término *latina* para definir nuestro trasfondo, pero reconocemos que el concepto es limitado y debe incluir descendientes africanos, asiáticos e indígenas. Como hermanas, esperamos que te sientas en libertad de identificarte con este término o no. Yo, Noemí, prefiero identificarme como *mexicana* estadounidense para definir mi trasfondo mexicano y mi identidad estadounidense en desarrollo. Nosotras tenemos amigos que prefieren identificarse como latina, newyorican, chicana, afrolatina y en otras formas más específicas. El pueblo de Dios es diverso y maravillosamente complejo. Esperamos poder abrir un espacio para tanta riqueza en nuestras historias. Nosotras llamamos latinas a aquellas mujeres que crecieron en Estados Unidos, que se identifican con un linaje de América, África, Asia o América indígena y que hablan español, inglés, un idioma indígena, espanglish o cualquier mezcla de estos.

Aunque nos expresamos tomando en cuenta nuestro trasfondo, no pretendemos hablar por todas las latinas en Estados Unidos. Admitimos que este diálogo se hubiera enriquecido al tener más perspectivas en la autoría. Nosotras concebimos este libro como el inicio de un diálogo amplio entre aquellos en Estados Unidos que procuran aprender de mujeres líderes en la Biblia. Reconocemos que la representación que ofrecemos es limitada: tenemos dos autoras mexicano-estadounidenses, una inmigrante de primera generación, una de segunda y una de tercera. Contamos con una madre y dos mujeres solteras, todas entre los 30 y los 40 años de edad. Tenemos dos latinas de piel clara y una más trigueña. También hay dos mujeres con maestrías y una con licenciatura. Provenimos de contextos socioeconómicos de un nivel medio-bajo y somos mayoritariamente bilingües. Nuestros relatos también hubieran sido enriquecidos por personas con otras características.

Aquí entras tú, querida lectora. Te invitamos a que prolongues con otras lectoras las conversaciones que nosotras iniciamos en cada capítulo. Comparte tus historias con la comunidad, pues están llenas de riqueza y belleza. Nosotras procuramos ser mujeres que aprenden unas de otras y comparten sus historias. En las páginas siguientes hacemos justo eso.

## LA AUDIENCIA Y LA ESTRUCTURA DEL LIBRO

Las autoras sentimos el llamado de Dios a escribir este libro con las mujeres latinas como audiencia principal. Buscábamos honrar, fortalecer y empoderar sus voces diversas. Sin embargo, recibimos con agrado a mujeres de otros trasfondos que buscan una buena historia y que desean lidiar con su fe y sus identidades culturales. También esperamos que los hombres lean nuestro libro y se conecten con estas doce mujeres bíblicas, con nosotras las autoras y con las demás lectoras. Anhelamos que nuestros hermanos examinen a profundidad estas historias para así lograr trabajar de manera más efectiva con sus hermanas y con Dios.

Este libro no está escrito en el orden de la Biblia, sino que tenemos dos temas principales alrededor de los cuales se organiza. Ellos son: parte uno, Identidad e intimidad, y parte dos, Influencia e impacto. Tenemos la certeza de que este orden es adecuado en el contexto del liderazgo espiritual. Solo al plantar raíces profundas de identidad e intimidad con Jesús lograremos tener impacto e influencia en el mundo. Al examinar las vidas de estas doce heroínas bíblicas, hemos comprobado la manera en que su identidad e intimidad con el Señor les permitió tener un impacto profundo y una influencia extensa en beneficio del reino de Dios. A lo largo del libro, tomamos las fortalezas de estas mujeres y las aplicamos a nuestros contextos como latinas. Anhelamos que te puedas identificar y aprender con ellas, con nosotras y con las demás mujeres modernas que mencionaremos. Esperamos que las latinas se sientan guiadas en su fe y su viaje étnico y que logren experimentar cómo estos dos aspectos colaboran para formar nuestra voz.

## EXHORTACIONES INICIALES

Para ti que lees, este libro te ofrece esperanza. Hemos trabajado en oración cada capítulo. Creemos que Dios desea utilizar este texto para guiarte hacia el puesto que debes ocupar en Su plan para la humanidad. Tenemos la certeza de que eres crucial en el proceso de anunciar la venida del reino de Dios. Sin importar dónde inicies, queremos animarte a que reflexiones con curiosidad y franqueza la manera en que Dios podría transformarte en la persona que siempre deseó que fueras.

Dicho esto, adelante, hermana, y ten en cuenta al Espíritu Santo mientras lees. Esperamos que este libro revele tesoros en tu alma y nuevas posibilidades en que puedas ejercer tus dones para el beneficio del reino del Señor. La multitud de mujeres de Dios en este libro te animan a proseguir tu viaje.

PARTE UNO

# IDENTIDAD E INTIMIDAD

# ESTER

## ¿QUIÉN SOY? UNA MESTIZA EN LA MISIÓN DE DIOS

KRISTY GARZA ROBINSON

Una vez escuché un comentario que caló profundo en mi alma: «Es tan típico de esos trabajadores mexicanos holgazanes sentarse a la sombra en vez de trabajar duro». Escuché estas palabras de unos amigos cristianos mientras almorzaba con ellos a la mesa. Estas eran personas con las cuales me había encariñado desde que me convertí al evangelio, pero ahora se quejaban de unos jornaleros que habían visto ese fin de semana fuera de su casa almorzando a la sombra.

Recordé a mi primo que pasaba la mayor parte de la semana trabajando bajo el calor del sol y que debía calcular sus descansos para evitar desmayarse. Pensé en mi tío, que una vez sufrió un golpe de calor por estar bajo el sol a una temperatura de 105 *°F* (40 *°C)*. Sobre todo, pensé en mis abuelos paternos y maternos, que eran granjeros y aparceros que cultivaban la tierra desde la mañana hasta el atardecer. Todos estos recuerdos se arremolinaban en mi cabeza. Me disculpé y dejé la mesa con un plato lleno de comida y un estómago revuelto. La experiencia fue dolorosa, aunque no era poco común.

Incluso cuando era adolescente y vivía en el sur de Texas, un sector del estado de mayoría latina, me vi en medio de una comunidad cristiana integrada principalmente por personas blancas. Lo mismo me sucedió durante el colegio, la universidad y después de cumplir los 20 años de edad. Aunque mis hermanos y hermanas blancos conocían que mi apellido era Garza, mi tez clara les hacía olvidar que hacían sus comentarios racistas frente a una mujer mexicana-estadounidense. No sabía cómo lidiar con aquellas situaciones, por lo que me limitaba a abandonar conversaciones incómodas, a evitar ciertos temas y a salir de reuniones donde aquellos que llamaba amigos revelaban sus prejuicios.

Sin embargo, era en esas comunidades donde aprendía más sobre el Dios de amor que envió a Su Hijo para borrar *los pecados del mundo.* Esa era la frase en español que venía a mi mente cuando la escuchaba en inglés. Era un vestigio de mi niñez, cuando a veces asistía a iglesias de mayoría latina. Sin embargo, no me atrevía a decir esa frase en voz alta. Durante esa etapa inicial de mi vida cristiana, yo solo deseaba encajar con quienes me rodeaban. No sabía cómo lidiar con las palabras hirientes que mis amigos blancos pronunciaban contra mi comunidad, de modo que soportaba sus comentarios y me alejaba lo más posible de lo que ellos consideraban «diferente». Jamás revelaba mis tradiciones familiares, evadía las preguntas sobre cultura y nunca les compartí mis historias.

Recuerdo una ocasión en que una amiga blanca visitó mi hogar por primera vez y vio las fotos de mi celebración de quinceañera enmarcadas en las paredes. Ella se sorprendió y me preguntó si estaba casada. Le respondí que no, las fotos eran de la fiesta de mis «dulces dieciséis». ¡Ah, pero yo sabía que era mucho más que eso! Sin embargo, no deseaba revelarle lo significativa que había sido aquella celebración para mí. No quería confesarle que durante la celebración me había sentido como una niñita, pero a la vez como una mujer joven rumbo a la adultez. Esos momentos eran hermosos y significativos, pero las personas que me rodeaban no los comprenderían ni los considerarían normales; y yo solo deseaba ser «normal». Entonces relegué mis historias culturales al pasado y me esforcé por alcanzar lo que estaba adelante, como afirmó el apóstol Pablo en la Biblia. Yo supuse que

Pablo se refería también a mi cultura, pero a nadie en mi comunidad cristiana le pareció importante corregirme.

Es interesante que haya escuchado por primera vez la historia de Ester durante la preparación de mi quinceañera en la iglesia de mi familia, varios meses antes de mi conversión a Cristo. Yo tenía una madrina llamada Ester, ¡pero no tenía idea de que también había una mujer de la Biblia con ese nombre! En ese entonces no podría haber imaginado cómo Dios utilizaría la vida de Ester para orientar mi vida, pero Él sí lo sabía.

## UNA IDENTIDAD OCULTA Y LAS PUERTAS ABIERTAS: LA HISTORIA DE ESTER Y LA MÍA

Ester era una mujer judía que se crio con su primo Mardoqueo. Los judíos eran una minoría desalojada y dispersa por las provincias del rey Jerjes de Persia. La historia inicia describiendo cómo era la vida de una reina ante los caprichos de un rey ególatra. La trama dio un giro desafortunado cuando la reina Vasti se negó a exhibirse frente a un grupo de hombres posiblemente borrachos por petición del rey. Entonces el rey Jerjes la destituyó y procuró reemplazarla con otra mujer. Ella era la reina de Persia, pero seguía siendo una mujer prescindible y reemplazable dentro de una sociedad patriarcal. Aunque la destitución de la reina Vasti fue injusta, su acto de resistencia permitió que Ester llegara al palacio del rey.

Al principio, Mardoqueo le pidió a Ester que ocultara su identidad étnica de los demás. De esto colegimos que ella podía adaptarse bien a las costumbres persas. Ester era una mujer mestiza en medio de dos mundos.[1] Ella calzaba en la cultura dominante de la época y Dios le otorgó Su favor en una situación compleja y opresiva.

El hecho de que no me hacía escuchar cuando la mayoría cultural de mi comunidad atacaba mi grupo étnico, era una señal de que me había adaptado a la cultura dominante a mi alrededor. Como mujer mestiza y bicultural que vivía en dos mundos diferentes, yo también entendía cómo adaptarme a la cultura mayoritaria mientras crecía en una familia mexicana-estadounidense. Las personas no se daban cuenta de inmediato que yo pertenecía a una minoría, como también sucedía con Ester. Si yo no revelaba la información pertinente, mi piel clara y mi español pobre hacían que las personas asumieran mi identidad y mi situación de vida.

Por otro lado, en mi familia latina, mi complexión clara y mi español deficiente me enajenaban. Cuando visitaba a mis parientes en México, me veían como una extranjera. Sin embargo, en Estados Unidos tampoco encajaba del todo, aunque superficialmente pareciera que me acoplaba a la cultura general de este país. A pesar de que estaba cómoda y me identificaba con ambos contextos, no me sentía como en casa en ninguno de los dos. Vivir en ese punto intermedio puede ser difícil. Sin embargo, así como Ester, yo descubrí que me abrió nuevas puertas.

Al ser una recién convertida en una comunidad cristiana de mayoría blanca, me solían preguntar: «¿Y tú eres mexicana, blanca o ambos?». Aunque yo lucía como ellos físicamente, podían notar que mi apellido era distinto. Con el propósito de categorizarme, me sometían a preguntas incómodas como esa. Sin embargo, la respuesta era sencilla: sí, soy latina, pues mis padres son latinos.

Es probable que haya heredado el color de mi piel de mi familia materna. Ya de adulta, le pregunté a mi madre en una ocasión por qué su piel era más clara que las de sus hermanos. Ella respondió que mi abuela le decía que su piel era más clara porque cuando la tenía en el vientre consumió muchas sales de Epsom. Si bien esta historia parecía un relato inofensivo de una mujer anciana, fue devastador descubrir que ese era el método que les recomendaban a las mujeres latinas pobres para que abortaran a un hijo no deseado. Fue por historias como esta que mi madre no conoció mucho sobre su propio linaje, excepto que mis abuelos trabajaban en una granja con dueños blancos y que jamás aprendieron a hablar inglés. Mi madre relataba con cariño historias de su niñez, pero yo sabía que existían ciertas experiencias atroces que ella guardaba en su corazón. Nunca más pregunté por el color de mi piel.

Esa historia revela un pecado terrible perpetrado contra mi madre. Fue el acto cruel de comunicarle que no era valiosa ni querida. Esto fue un daño hacia la imagen de Dios en ella desde pequeña. La historia de Ester también versa sobre los daños internos y el pecado que la rodeaba. Ella vivía en una sociedad que consideraba inferiores y remplazables a las mujeres. No obstante, Dios, en medio de aquella injusticia, le abrió las puertas a Ester.

A pesar de que la historia detrás de mi color de piel estaba marcada de dolor, aún era parte de mí. Así, cuando mis amigos blancos me hacían sus preguntas inquisitivas, yo respondía de manera ambigua y cambiaba de conversación, ansiosa por ocultar que, en efecto, yo era de muchas formas diferente a ellos. Al igual que Ester, yo quería mantenerlo en secreto.

## LA SOLIDARIDAD, UNA OPCIÓN RIESGOSA

Puesto que Dios le otorgó gracia a Ester ante las personas del palacio real, ella logró conseguir el afecto del rey y ser coronada reina de Persia. Ella mantuvo su identidad étnica en secreto como le había instruido Mardoqueo. Todo marchó en orden hasta que Amán, uno de los aliados de confianza del rey Jerjes, decidió que la destrucción de todos los judíos era la venganza perfecta contra su enemigo Mardoqueo, al cual odiaba porque jamás se inclinaba ante él como lo hacían los demás. Mardoqueo solo se inclinaba ante Dios y por eso Amán convenció al rey de aniquilar a los judíos, pues, según él, no eran súbditos leales.

Cuando Mardoqueo descubrió la treta, decidió acudir a la prima que había criado como a una hija y que ahora vivía con el rey. Tanto su primo como los demás judíos requerían que Ester ya no ocultara su origen, sino que lo aceptara por el bien de su pueblo, incluso si ello suponía un gran riesgo para ella. Ester sabía que eso le costaría todo lo que había alcanzado. Sin embargo, Mardoqueo le habló de este modo: «¡Quién sabe si no has llegado al trono precisamente para un momento como este!» (Est. 4:14). Quizás ese fue el motivo de que Dios le otorgara tanto favor. ¿Puede ser que todo esto ocurriera con el propósito de rescatar al pueblo del Señor? La respuesta parece ser afirmativa cuando examinamos las acciones y los riesgos que tomó Ester para salvar a los judíos.

El erudito bíblico Walter Kaiser afirma que si el Antiguo Testamento tuviera un versículo donde se exprese la gran comisión, ese sería Génesis 12:3: «¡Por medio de ti [Abram] serán bendecidas todas las familias de la tierra!». Kaiser percibe en este versículo «la primera articulación del propósito y el plan de Dios de ver que el mensaje de Su gracia y Su bendición alcanzara a todas las personas de la tierra».[2] El papel de Ester en esta comisión del Antiguo Testamento no fue pequeño. Dios usó a Su reina de Persia mestiza en un momento crítico de Su plan redentor y ella aceptó la responsabilidad con dignidad.

Tras convertirme a Cristo, seguí viviendo en el mundo al que me había adaptado. Cuando me mudé fuera del país junto a mi esposo Eric, el Señor me recordó mi identidad étnica y cultural. Al inicio de mi matrimonio, nos fuimos a vivir al mundo árabe para servir en un ministerio paraeclesiástico junto a otros creyentes locales en el norte de África. Algo en la cultura árabe me recordaba a mi familia en el sur de Texas. El amor leal con que las personas se relacionaban con sus familiares y amigos y los valores que determinaban cómo ellos interactuaban con el mundo me recordaron el contexto donde crecí. Esto me permitió rápidamente entablar amistades profundas con mis vecinos árabes. Sin duda fue un regalo de parte de Dios.

Entonces, por primera vez tras aceptar a Jesús, me cuestioné si mi cultura era una carga que debía abandonar a los pies de la cruz. Quizás Dios me había hecho latina por una razón. ¿Sería en beneficio de Su gloria y Sus propósitos para el mundo? Esta revelación me llevó a ejercer el ministerio entre latinos universitarios cuando regresé a Estados Unidos después de un año. Quizás era tiempo de aceptar la totalidad de mi identidad por el bien de la misión de Dios.

Cuando adquirí esta nueva perspectiva, me comprometí con la comunidad latina e inicié mi progreso hacia la compleción de mi identidad étnica. Fue una etapa de mi vida importante y de mucha sanidad.

Sin embargo, el contexto en Estados Unidos empeoró cuando la situación con la comunidad latina cambió y los problemas de inmigración alcanzaron nuestro ministerio.

Yo ejercía el ministerio con estudiantes latinos en una universidad conservadora y había presenciado cómo el Señor hizo crecer el ministerio de 10 a 150 personas en solo tres años. Al profundizar más en mi propia comunidad, las dificultades de nuestros estudiantes indocumentados suscitaron tensión y dolor. El 10 % del liderazgo de nuestro ministerio eran personas indocumentadas. Estos eran hombres y mujeres que amaban a Dios y les apasionaba trabajar para Él. No obstante, se estaba aceptando una legislación en nuestro estado que les dificultaba la vida a ellos y a sus familias. La actitud en el campus también sufrió cambios y los estudiantes latinos se convirtieron en el blanco de mucha de la frustración y la ansiedad presentes en la sociedad en general. Recuerdo que una vez varios de nuestros líderes latinos participaron en una «sentada» en el campus y ciertos estudiantes blancos pasaban y gritaban obscenidades raciales. Uno de ellos gritó: «Son todos unos cerdos y deberíamos fusilarlos».

Uno no podía mirar a nuestros amigos y descifrar su estado migratorio. Estos insultos de odio e instinto asesino se dirigían a toda persona de piel trigueña en los alrededores. Como latina de piel clara debía tomar una decisión. ¿Seguiría con mi timidez de años atrás y permitiría que esas actitudes continuaran? ¿Entonces debía sacrificar mi reputación para ser solidaria con mi comunidad? ¿Me atrevería a proclamar la verdad y afirmar que las personas latinas también fuimos hechas a la imagen de Dios y no es correcto afrentar contra este hecho?

Para mí, una mujer líder mexicana-estadounidense, ya no era una opción esconderme detrás de mi tez clara. Dios me había llamado a aceptar la totalidad de mi identidad por el bien de Su misión y por el bienestar de Sus hijos. Así lo hice: me convertí en defensora de la comunidad latina para luchar contra las dificultades que nos afectan. Miré a los ojos a mi equipo de latinos indocumentados y les prometí que sus batallas también serían mías sin importar el costo. Aunque no conocía sus historias a cabalidad, yo los apoyaba y estaba dispuesta a ejercer mi influencia para efectuar un cambio.

Me esforcé por explorar mis posibilidades en el ministerio a gran escala e incluso más allá para defender a mi pueblo. Esto suponía riesgos para mí, pero, así como Ester, yo consideraba esta causa digna de mi vida misma. Además, mi riesgo no podía compararse con las dificultades que enfrentaban los estudiantes latinos indocumentados. Tanto ellos como sus familias requerían asistencia y un cambio.

## UNA LÍDER EN LA MISIÓN DE DIOS

Ester utilizó su influencia en beneficio de su pueblo y en el proceso aceptó su identidad. Me encanta que el libro termina no solo con el pueblo judío fuera de peligro, sino también con Ester transformada y diferente de aquella que vimos en el primer capítulo. Al principio, Ester era una novia judía que escondía su identidad. Al final, ella utilizó su poder para instituir la celebración del Purim, cuyo propósito era convertirse en parte integral del pueblo judío para recordarles cómo el Señor los había rescatado. Ella se había convertido en una líder dispuesta a entregar todo su ser a Dios para favorecer Su voluntad para el mundo.

## DE LA HISTORIA DE ESTER A LA TUYA

¿Y tú? ¿De qué manera te pide el Señor que aceptes tu identidad por el bien de Su misión? Tengo la certeza de que Él te invita a encarnar tu identidad como lo hizo Ester, sin importar en qué punto de tu viaje de identidad étnica te halles. Quizás seas como yo y te ocultes detrás de tu capacidad para adaptarte a la cultura que te rodea. Dios te anima a que tomes el siguiente paso y descubras ese aspecto de quien eres, siempre con la seguridad de que Él te creó con intención y un propósito. Es posible que siempre hayas aceptado tu identidad étnica y que la veas como un regalo de Dios. ¿Crees que sea un obsequio útil para Su plan para el mundo? ¿Qué podrías hacer para consagrar este aspecto de ti en beneficio de la obra del Señor en tu vida y en la de quienes te rodean?

En la historia de Ester, Dios intervino para rescatar a Su pueblo elegido y así poder cumplir Su objetivo para la humanidad. Como mujer bicultural en la narrativa bíblica, Ester siempre será considerada una pieza imprescindible en la obra todavía inconclusa de la expansión del reino de Dios. ¿Quiénes serán las latinas multiculturales que Dios llamará «para un momento como este» en cada generación? Espero que seas tú, yo y todas nosotras juntas alzando nuestra voz en honor del legado de Ester.

# 2

# LA MUJER SULAMITA

## AMADA, ANTES QUE NADA

NATALIA KOHN

¡Cuán bella eres, amada mía!
¡Cuán bella eres!
¡Tus ojos son dos palomas! (Cant. 1:15)

Paloma mía, que te escondes
en las grietas de las rocas,
en las hendiduras de las montañas,
muéstrame tu rostro,
déjame oír tu voz;
pues tu voz es placentera
y hermoso tu semblante. (Cant. 2:14)

Cautivaste mi corazón,
hermana y novia mía,
con una mirada de tus ojos;
con una vuelta de tu collar
cautivaste mi corazón. (Cant. 4:9)

Permite que estos versículos refresquen tu corazón y revitalicen tu alma como una cascada. Este pasaje, esta antigua y hermosa canción posee verdades de lo que siente Jesús por ti. Tú le robaste el corazón y ahora gozas de su cuidado. Eres Su amada.

Lo ha cautivado quién eres, tu amor, tu devoción y tu amistad. Tu belleza lo impresiona y ha quedado encantado por tu amor. Continuamente pronuncia versos de amor para ti. ¿Cómo te sientes al leer y recibir estas verdades? ¿Qué significaría para ti ser amada por Jesús? ¿Cómo afectaría esta intimidad tu relación con Él y tu vínculo e influencia con las demás personas?

La mujer sulamita en esta historia de amor del Cantar de los cantares de Salomón es un ejemplo excepcional de la manera en que el amor dirige. Ella sabe que es amada y desde esa perspectiva guía a sus amigos hacia el amor de Jesús.

## DE OBREROS A AMANTES

Cuando leí Cantares por primera vez y comencé a profundizar en ese mundo de intimidad con Jesús, descubrí con asombro que yo podía cautivarlo y que Él se deleita en mí. Yo sabía que Jesús me cuidaba y que murió para salvarme, pero no imaginaba que Él pudiera disfrutar mi ser y mi compañía. La faceta de cortejador y pretendiente de Jesús le parecía extraña a esta mente trabajólica mía. Jamás había escuchado el concepto de Cristo como novio en las múltiples iglesias que visité de niña, de adolescente y de joven adulta. Jesús, el que ama mi alma, era una realidad espiritual que no me habían enseñado durante mi educación y crianza cristiana.

El ministerio del que yo formaba parte enseñaba que Jesús era el eterno novio, como lo muestran los Evangelios. Sin embargo, yo nunca había comprendido la relevancia de esto para mi relación con Cristo y mi liderazgo. En su lugar, adopté con denuedo la identidad de obrera por Jesús. Con el tiempo, esto provocó que yo viera al Señor como mi director, mi jefe y mi supervisor en este gran proyecto de cosecha en la tierra. Yo disfrutaba trabajar y me apasionaba la misión. Trabajaba para Él más de 70 horas a la semana, procurando agotar las entradas a Su venida y determinada a producir lo más posible para el

Señor. El proyecto me consumía y no me dejaba tiempo para cuidar de mi relación personal con Jesús: Ser Su amada, escuchar Su voz, conocer Su corazón, invertir en nuestra intimidad. Había mucho trabajo por hacer.

Nosotros los latinos trabajamos duro y comprendemos la palabra *esfuerzo*. Nos es familiar trabajar a medio tiempo, en condiciones difíciles, varios empleos a la vez para que el dinero alcance en nuestro hogar, pagar la cuenta del teléfono y ahorrar un poco para cuando nos agobie una crisis. Nuestros padres, tíos, hermanos, primos y amigos se reúnen afuera de Home Depot o en los parques para obtener algún trabajo ese día o toda la semana. En cada ciudad, la gente sabe dónde hallar jornaleros; esos son nuestros hombres proveyendo un servicio. Somos muy creativos e ingeniosos cuando de empleo se trata. Si un trabajo no nos conviene, nos contactamos con un familiar o un amigo para que lo intente. Nuestra gente es trabajadora y sentimos un orgullo sano al respecto.

No hay nada de malo en trabajar para mejorar la situación de nuestra familia. Sin duda tampoco es erróneo esforzarse para que el evangelio alcance comunidades, subculturas, familias, ciudades y naciones que no lo han experimentado. Sin embargo, es peligroso cuando nuestra identidad yace en el trabajo y en ser obreros de Jesús. ¿Qué crees tú? ¿Te identificas con ser una obrera o alguien amada por Jesús?

## EL PARADIGMA DEL OBRERO

En la Biblia abundan los paradigmas y el del obrero es uno desde el cual operan muchos creyentes y líderes espirituales. Solemos referenciar pasajes bíblicos cargados de visión, acción y verdad; versículos que nos inspiran a unirnos a un ministerio y expandir el reino de Dios. Esos textos nos revelan la necesidad de guiar a más personas hacia la gracia y el amor de Jesús, entonces se convierten en la misión de nuestras iglesias y en nuestro propósito de vida. Esto es bíblico y santo; sin embargo, corremos el peligro de trabajar por la misión y soslayar a Cristo. Podemos llegar a obsesionarnos con estos proyectos y a olvidar a Aquel quien es la razón de nuestra obra. A continuación, encontrarás pasajes bíblicos donde Jesús trata el paradigma del obrero: Mateo 9, Mateo 28 y Hechos 1.

> La cosecha es abundante, pero son pocos los obreros —les dijo a sus discípulos—. (Mat. 9:37)

> Por tanto, vayan y hagan discípulos de todas las naciones, bautizándolos en el nombre del Padre y del Hijo y del Espíritu Santo, enseñándoles a obedecer todo lo que les he mandado a ustedes. Y les aseguro que estaré con ustedes siempre, hasta el fin del mundo. (Mat. 28:19-20)

> Pero, cuando venga el Espíritu Santo sobre ustedes, recibirán poder y serán mis testigos tanto en Jerusalén como en toda Judea y Samaria, y hasta los confines de la tierra. (Hech. 1:8)

Estos pasajes muestran el preciso e increíble plan de Dios para redimir y rescatar a Su pueblo, Su creación. Son textos cargados del anhelo del Señor de traer el cielo a la tierra. Esa necesidad puede motivarnos a participar en el proyecto, a asociarnos con Dios para efectuar un cambio en el mundo. El paradigma del obrero es verdadero y bíblico. No obstante, debemos entender que Dios no basa nuestra identidad en ese concepto. Él no nos ve como empleados, trabajadores o sirvientes. Jesús es el nuevo pacto, que nos trajo un nuevo método de salvación: una relación personal con Él, mas no la religión, la cultura cristiana ni nuestros esfuerzos por ser los mejores obreros.

Cristo vino para reconciliarnos con el Padre y con nuestra identidad como hijos de Dios, Su novia y los coherederos del paraíso. Él vino como un novio para rescatar, redimir y alistar a Su novia para Su regreso. Estos pasajes sobre la obra inconclusa nos motivan, pero si nuestro acercamiento al plan de Dios no es mediante el paradigma de la novia, podemos quedar desconectados de nuestra fuente de vida y amor. Corremos el riesgo de olvidar por qué creemos en estas verdades y albergar resentimiento hacia Jesús, el empleador. No debemos olvidar que gozamos de la amistad y del amor de Cristo.

> Ya no los llamo siervos, porque el siervo no está al tanto de lo que hace su amo; los he llamado amigos, porque todo lo que a mi Padre le oí decir se lo he dado a conocer a ustedes. (Juan 15:15)

Nuestra intimidad, amistad y amor por Él nos impulsan a cosechar la mies, a trabajar con intrepidez hasta los confines de la tierra. Sin embargo, nuestra identidad no puede fundamentarse en el trabajo o el servicio, sino en Jesús, el novio, que nos llama Su amada. A los 34 años de edad, me sentía completamente agotada por el ministerio. Pronto noté que trabajaba para expandir el ministerio de Jesús, pero que lo había soslayado a Él. En el quebrantamiento de mis oraciones comencé a aprender lo que significa ser la amada de Jesús.

## EL PARADIGMA DE LA NOVIA

No sé en qué momento adopté la noción errónea de que Cantares era un «manual matrimonial» solo dirigido a personas casadas y que no aplicaba a mí, una mujer soltera en el ministerio. Esta alegoría, el canto más bello del rey Salomón de Israel, data de entre 971 y 931 a.C. El «Cantar de los cantares» fue la composición favorita y más excelente del rey, única entre las 1005 que escribió durante su vida (1 Rey. 4:32). Esta historia de amor es una alegoría cuyo propósito es que ahondemos en nuestra relación con Jesús. Los judíos conciben este canto como una representación del amor de Dios por Israel. La mayoría de cristianos creen que se trata de un símbolo del amor entre Cristo y la Iglesia, Su novia. Durante gran parte de la historia de la Iglesia, este texto estaba vedado a las mujeres porque lo creían demasiado erótico para ellas.

El Cantar de los cantares de Salomón no es un manual matrimonial, sino una guía para la Iglesia y el creyente sobre cómo adoptar la identidad y la intimidad de la novia de Cristo. Salomón, el rey, el novio, simboliza a Jesucristo y Su amor vigoroso, nuestro novio eterno. La mujer sulamita no representa una mujer en particular en la vida de Salomón; en realidad es una doncella cautivada por el amor de su rey. Este poema o canto no detalla la historia de la heroína, pero sí la describe con precisión, ya que nosotros debemos identificarnos y confrontar su nostalgia por su novio. Antes de profundizar más en este canto de amor sagrado, examinemos el paradigma de la novia.

Este importante marco operativo bíblico es un tema recurrente a lo largo de toda la Escritura. Se encuentra en Génesis 1, cuando Dios crea al hombre y a la mujer a la imagen de la Trinidad. Aquí Él presenta el modelo de esposo y esposa cuando afirma que Adán no debe estar solo en la Tierra, aunque tuviera perfecta comunión con el Padre, el Hijo y el Espíritu Santo. Luego Dios creó a Eva y se la entregó a Adán como compañera y ayudante. Dios disfruta el amor, pues Él creó tanto el amor divino como el humano.

También vemos el paradigma de la novia en la historia de amor entre Dios e Israel. Él se llama a sí mismo el novio de Israel, Su novia que continuamente lo abandona. Durante siglos, Israel acudió y abandonó a Dios múltiples veces. En Isaías (capítulos 61 y 62) y Jeremías (capítulos 2 y 32) Dios afirma su conexión con Israel y declara que está casado con ella. Después, la alegoría se torna personal cuando Dios le pide al profeta Oseas que se despose con la prostituta llamada Gómer. Esto era una metáfora de la relación del Señor con Israel, que lo abandonaba por otros amantes y rechazaba Su amor, deslumbrada por lo que otros tenían. En el Antiguo Testamento, el paradigma de la novia se nos presenta en que Dios es continuamente rechazado por Israel, su novia.

En el Nuevo Testamento, percibimos este paradigma con mayor claridad en los cuatro Evangelios cuando Jesús se identifica como el novio.

> Jesús les contestó:
> —¿Acaso pueden ayunar los invitados del novio mientras él está con ellos? No pueden hacerlo mientras lo tienen con ellos.

> Pero llegará el día en que se les quitará el novio, y ese día sí ayunarán. (Mar. 2:19-20)

Jesús se concibe como el novio: encarnado, el perfecto cortejador y pretendiente del mundo. Hay muchos pasajes bíblicos que describen el paradigma de la novia. Con el propósito de comprender más a profundidad este concepto, examinaremos el quinto libro sapiencial en el Antiguo Testamento. Dicho libro ilustra con detalle la verdad eficaz de concebir a Jesús como el novio y a nosotros como Su novia. A lo largo de este texto, tradicionalmente desconocido y enigmático, se describe el romance entre Salomón, que representa a Jesús, y la mujer sulamita, que nos representa a nosotros, la novia. Esta mujer es la protagonista del texto y nos muestra la pasión y la devoción que alberga por su amado, una fascinación por él y un anhelo ferviente por su amor. Estudiemos con detalle a esta líder poco convencional; aprendamos cómo este amor, esta intimidad, nos pueden orientar para convertirnos en líderes enamorados.

## EL AMOR DE LA MUJER SULAMITA

Cantares es un libro que alberga increíbles riquezas y tesoros disponibles para el lector. En el texto conocemos a la mujer sulamita, que está obsesionada con su amado. Este viaje de amor abarca varias estaciones y lugares. Ello simboliza nuestra relación con el novio eterno; relación que puede parecer cíclica, pero está repleta de aventuras. Un momento ellos escalan una montaña, al siguiente exploran un jardín. Esta alegoría e historia de amor nos revela mucho sobre la identidad de novio de Jesús, quien ama con amor inagotable, y sobre nuestra identidad como Su novia, que recibe y responde con amor.

El libro inicia con el anhelo de la mujer sulamita de profundizar en esta relación, de experimentar más del amor de su novio, amor más grato que el vino.

> Ah, si me besaras con los besos de tu boca...
> ¡grato en verdad es tu amor, más que el vino!

Grata es también, de tus perfumes, la fragancia;
tú mismo eres bálsamo fragante.
¡Con razón te aman las doncellas!
¡Hazme del todo tuya! ¡Date prisa!
¡Llévame, oh rey, a tu alcoba! (Cant. 1:2-4)

Ella está desesperada por Su amor y no se siente avergonzada. ¿Te identificas con esto? ¿Anhelas experimentar no solo el ministerio y las personas, sino a Jesús mismo?

A lo largo del texto, este amor es descriptivo, barroco y poético, tanto en el aspecto físico como en el emocional. En esencia, nos ilustra la intimidad entre dos amantes. En esa relación, ambos toman la iniciativa, responden y reciben al otro. Ellos van del banquete del amado a los árboles, se resguardan en las grutas entre rocas, pasean por viñedos, visitan el desierto y mucho más. En los capítulos 4 y 5 encontramos la imagen del jardín, que simboliza el corazón de la amada.

Jardín cerrado eres tú,
hermana y novia mía;
¡jardín cerrado, sellado manantial! (Cant. 4:12)

Unos versículos más adelante, ella describe con más detalle su corazón, el jardín de su amado.

¡Viento del norte, despierta!
¡Viento del sur, ven acá!
Soplen en mi jardín;
¡esparzan su fragancia!
Que venga mi amado a su jardín
y pruebe sus frutos exquisitos. (Cant. 4:16)

Salomón responde que disfruta mucho su jardín y ha quedado satisfecho.

He entrado ya en mi jardín,
  hermana y novia mía,
y en él recojo mirra y bálsamo;
  allí me sacio del panal y de su miel;
  allí bebo mi vino y mi leche. (Cant. 5:1)

En el capítulo 5, la relación experimenta un cambio. Salomón, el novio, le pide a la mujer sulamita en el versículo 2 que salga de su aposento y que lo acompañe a subir una colina. Ella responde que permanecerá allí la noche y que está lista para dormir. Después se levanta y abre la puerta, pero él se ha ido. Ella lo rechaza y luego lo busca desesperadamente. Su corazón busca a su amado.

Le abrí a mi amado,
  pero ya no estaba allí.
Se había marchado,
  y tras su voz se fue mi alma.
Lo busqué, y no lo hallé.
  Lo llamé, y no me respondió. (Cant. 5:6)

Ella busca ayuda para encontrarlo y sus amigos la auxilian.

Dinos, bella entre las bellas,
  ¿en qué aventaja tu amado a otros hombres?
¿En qué aventaja tu amado a otros hombres,
  que nos haces tales ruegos? (Cant. 5:9)

Los amantes están separados y los amigos de la mujer le preguntan: ¿Por qué él es el indicado? ¿Por qué es su amor superior a otros y amerita tal búsqueda?

Más adelante, los amantes se rencuentran. Cada capítulo contiene símbolos de su amor, devoción y compromiso. Ella aprende a seguir a su novio, a escuchar sus palabras, consejos y deseos. En el capítulo 8, vemos que el amor de la novia madura, pues ha soportado las estaciones, las transiciones, la distancia y la intimidad. Los amigos, testigos de este amor, hacen un comentario interesante:

¿Quién es esta que sube por el desierto
apoyada sobre el hombro de su amado? (Cant. 8:5)

Ella les responde a sus amigos con seguridad y con un mayor conocimiento de su relación.

Grábame como un sello sobre tu corazón;
llévame como una marca sobre tu brazo.
Fuerte es el amor, como la muerte,
y tenaz la pasión, como el sepulcro.
Como llama divina
es el fuego ardiente del amor.
Ni las muchas aguas pueden apagarlo,
ni los ríos pueden extinguirlo.
Si alguien ofreciera todas sus riquezas
a cambio del amor,
solo conseguiría el desprecio. (Cant. 8:6-7)

Esta historia de amor representa la intimidad con Jesús. El propósito de nuestro amado es que crezcamos en Su amor y que conozcamos más sobre Él. Jesús desea inspirar en Su amada una mayor dependencia y confianza en Su amor y liderazgo. Él quiere que la intimidad y el amor guíen nuestro pensamiento, emociones, convicciones y liderazgo.

## DEL ESFUERZO A LA BÚSQUEDA

Marisol le entregó su vida a Jesús en su primer año de universidad. Yo percibí esa decisión en su rostro y en su comportamiento diario. Ella resplandecía de tal forma que su nueva relación con Cristo despertó la curiosidad de los demás. Ella ayudó a que amigos del colegio, de la universidad y miembros de su familia conocieran a Jesús. Marisol era una evangelista nata. La salvación y el gozo de Jesús brotaban de ella y esta nueva relación permanecía en su discurso.

Con el pasar de los años, como su amiga y mentora, pude ver el crecimiento de su influencia espiritual. Ella se convirtió en una líder en su universidad, fundó ministerios, viajó un verano a Turquía para interactuar con estudiantes universitarios musulmanes y aprendió y acompañó a muchos en las áreas urbanas marginales de Los Ángeles. Ella era una líder latina apasionada por Jesús.

Sin embargo, en unos años esa pasión desapareció gradualmente. Marisol se hizo más tensa y ansiosa. Su energía disminuyó y participaba en actividades cristianas (conferencias y estudios bíblicos) porque se suponía que debía hacerlo. Lloraba en su habitación y clamaba: «No puedo sentirte, oh, Dios». Asistía a la iglesia en busca de aquel sentimiento de amor que experimentó al entregarse a Jesús por primera vez. Marisol se encontraba a la merced de un vaivén incómodo en su relación con Jesús. Su estado alcanzó el punto crítico unas vacaciones de invierno, cuando regresó a casa deprimida, llena de la cultura cristiana, pero sintiéndose alejada de Dios y con el deseo de revivir su primer amor.

El siguiente semestre, ella se tomó un descanso del ministerio para enfocarse en Jesús. Ese año, Marisol descubrió que solo Cristo podía llenarla. Durante años, se había enfocado en estar cerca de Jesús en el ministerio, en lugar de estar con Él. Acudió a líderes, pastores y experiencias espirituales para saciar su sed, pero los talleres sobre sanidad no enmendarían su condición, sino estar con Jesús, escuchar Su voz y dedicarle tiempo. Marisol encontró su lugar secreto en Cristo. Ella afirmó: «Descubrí Su amor profundo por mí en la oración. Desde que me convertí, siempre he orado por otras personas y sus problemas y no por la intimidad con Jesús, por nuestra relación». Ella sintió el abrazo de Dios, que la atraía y la conquistaba hasta hacerla sentir como al principio, cuando descubrió el amor de Jesús por primera vez.

Marisol sabe que ese romance es eterno y que mientras más se acerque a Jesús, más crecerá la intimidad entre ellos. Esto ha fortalecido su liderazgo: ya no se compara con los demás tan a menudo, ni se deja guiar por sus inseguridades, ni tampoco espera que otras personas la llenen. Ella ora cada día y busca estar primero con Jesús, para luego poder orientar con ese amor a otros. Es increíble haber visto cómo su confianza en Jesús y en sí misma creció en tal magnitud en tan poco tiempo. Marisol está experimentando su primer amor y desea ser la amada de Cristo antes que todo lo demás.

## DE LA HISTORIA DE LA MUJER SULAMITA A LA TUYA

Darle prioridad a nuestra relación con Jesús y no a la misión que tenemos en Él es la única forma sostenible de seguir a Cristo. Solo Él puede llenarte a diario, satisfacerte y fortalecerte para enfrentar la vida. El trabajo y las personas pueden agotarte, dejarte exhausta y herida, pero Jesús te fortalece con Su hermosura, te sana y te otorga la vida. De manera general, la mujer sulamita constantemente recibía el amor y la intimidad de su novio. Sin embargo, incluso cuando no se encontraba en esa posición de recibir, ella lo extrañaba y reordenaba su vida y sus prioridades. Su liderazgo yacía en su amor por el novio. Después de todo, fue su compromiso, su entrega incondicional y su búsqueda enérgica lo que suscitó las preguntas de sus amigos. Oremos para ser mujeres latinas que puedan recibir el afecto del Señor, que se concentren en su primer amor y que guíen a otros hacia la belleza de Jesús.

*Un estilo de vida enamorado.* Nuestro amor por Jesús y la relación con Él pueden generar curiosidad espiritual en otras personas. Los amigos de la mujer sulamita postulan una interrogante válida: ¿Por qué es este amor superior a los otros? Nuestro corazón está hecho para amar; Dios nos creó para adorar y amar. Estar enamorados es parte de nosotros. No obstante, si nuestro primer amor no es Jesús, entonces algo más lo es. Así de simple. Las personas, el trabajo, el éxito e incluso el ministerio pueden ser nuestro primer amor. Desde hace algunos años en que he estado buscando intimidad antes que impacto, he notado una afirmación común entre mis amigos: «Tu relación con Jesús me desafía, me aterra; es muy poderosa». Nuestra intimidad con Jesús puede suscitar que nuestros familiares y amigos deseen más. Cuando perciban algo diferente en nosotros, también ellos desearán a Cristo.

Nuestra gente conoce el esfuerzo, saben lo que es trabajar; sin embargo, ¿saben lo que es el amor? El afecto del novio eterno sana, redime, restaura y mucho más. Cuando nuestra comunidad está abatida y sin esperanza, el amor de Cristo nos levanta y nos renueva tras el daño que nos inflige la vida. La intimidad con Cristo beneficia a nuestra familia latina, pero también es importante aprender a mantener la mirada en Jesús y permitirle que llene nuestra visión, que nos libre de apoyarnos en nuestro vigor humano.

*Ojos como palomas.* La imagen de los ojos como palomas (una invitación que Salomón le hace a la mujer sulamita) es una clave para la intimidad con Dios. Salomón percibe y exalta los ojos como palomas de la mujer sulamita en Cantares 1:15 y 4:1. Las palomas no tienen vista periférica. Es decir, no pueden ver ni a la derecha ni a la izquierda, sino solo al frente. Salomón observa que el amor de la mujer está enfocado en él: «En cuanto a su función, los ojos de las palomas solo ven una cosa a la vez. Esto representa estar enfocados en un solo objetivo».[1] Esta idea de poner los ojos en Cristo está diseminada por toda la Biblia y también en la historia de Israel. Dios sabe que nos distraemos con facilidad y nos tornamos ansiosos. Debemos enfocarnos en Él, no en las circunstancias, ni en los fracasos, ni en nuestros amigos quebrantados. El Señor es la fuente del amor perfecto, que nos provee estabilidad y nos recuerda nuestra identidad verdadera. Si nuestro enfoque yace en alguien o algo más, recibiremos un amor imperfecto que jamás podrá satisfacer nuestra alma. Hermanas, roguemos a Dios poder tener ojos como palomas para ver a nuestro novio eterno en todo momento.

*Intimidad antes que impacto.* Dedicarle tiempo a Jesús antes de ejercer el ministerio es crucial para llenarnos de amor, de vida y de la revelación del Espíritu Santo y de la Biblia. Nuestro mundo cada vez pierde más el interés en la cultura y la moralidad cristiana. Lo que cautiva la atención de las personas es una relación real y apasionada con nuestro Creador. Ellos anhelan un amor radical que sobrepase a la religión y que les ofrezca algo sustancioso. Sin embargo, no podemos suplir su anhelo si nosotros no hemos experimentado ese amor. Jesús vendrá de nuevo para encontrarse con una novia valiente, hermosa y enamorada. Si buscamos la intimidad con Jesús, Él podrá convertirnos en Sus amadas vigorosas, que se unen a Él para levantar a los caídos, enriquecer nuestra realidad con la verdad del cielo y cambiar al mundo con el amor del Señor.

## UNA ORACIÓN

Señor Jesús, permíteme identificar y conectarme con la verdad de que soy tu amada. Deseo tener ojos como palomas para ti, mi primer amor. Enséñame a recibir tu afecto y a amarte con todo mi corazón, mente, alma y fuerza. Jesús, quiero trabajar y guiar con un corazón enamorado a otras personas. Amén.

# 3

# LA MUJER QUE PADECÍA DE HEMORRAGIAS

## LIDERAZGO MIJA

NOEMÍ VEGA QUIÑONES

No recuerdo el día en que tuve la menstruación por primera vez, pero sí recuerdo pensar: «¡Noooo! ¡Es demasiado pronto!». Incluso en mi edad preadolescente, yo sabía que ya no era una niña. ¡Uy, qué terrible! Mi familia es mexicana tradicional y también estadounidense. Como tal, en ella no se discuten mucho este tipo de temas personales. Sin embargo, esa vez mi madre me refirió su experiencia. Yo me apoyé en sus palabras y en un libro para jóvenes adultos titulado *Are You There, God? It's Me, Margaret* [Dios, ¿estás ahí? Soy yo, Margaret] de Judy Blume. Puesto que yo era la mayor de cinco hermanos, dependía de Jesús, mi madre y Judy Blume para orientarme en el dilema de mi cuerpo cambiante. La mujer que examinamos en este capítulo también tuvo la menstruación por primera vez. Sin embargo, a diferencia de la mía, que acabo unos días después, la de esta mujer continuó por doce terribles años. Este capítulo considera el liderazgo desde su perspectiva.

Aunque tenía a Jesús, a mi madre y a Judy Blume, seguía sintiéndome sola y expuesta. Me sentía sola porque ni mis hermanos ni mis amigos sabían lo que yo atravesaba. Puesto que yo era una inmigrante de primera generación, no tenía primas mayores que me orientaran y me mostraran la vía hacia la adultez. Me sentía expuesta porque mis compañeros de clase habían empezado a notar mis cambios y yo podía escucharlos susurrar entre ellos. Con el propósito de esconder mis curvas, comencé a vestir suéteres y pantalones de tallas más grandes. No obstante, esto no me permitió eludir ni las miradas celosas de otras chicas, ni las de los chicos en busca de un roce oportuno. Además, comencé a tener acné, mis dientes no estaban alineados y el estilo de mi cabello era el típico de los años ochenta, rizado y abultado, a pesar de que yo era una adolescente en los noventa.

Durante esa época, me desagradaba mi cuerpo y todo de mí. Me sentía demasiado insegura como para hablar con los chicos, demasiado madura y desarrollada en comparación a otras chicas de secundaria y demasiado diferente como para construir ciertas amistades. Me apoyé en algunos amigos, en mis clases de música y en la escuela para lidiar con la situación. Quizás te identificas con este sufrimiento físico y social, pero, si no puedes, trata de imaginar cómo fue la vida de la mujer que conoceremos en breve.

Tres de los cuatro Evangelios mencionan a la mujer que padecía de hemorragias y ninguno revela su nombre. Sin embargo, no por eso pasó desapercibida. En Mateo, Marcos y Lucas se la honra por su fe y Jesús la llama *Mija* (mi hija). Ella expuso toda su verdad y fue llamada hija de Dios. Ella ejemplificó un liderazgo fundamentado en una fe valiente, en una acción social de influencia y en confesar su realidad de vida. Además, ella ejemplifica el liderazgo Mija, cuya base es nuestra identidad como hijas en la familia de Dios.

## LOS ORÍGENES DE BARRIO BAJO DE LA MUJER QUE PADECÍA DE HEMORRAGIAS

Se afirma que la mujer «hacía doce años que padecía de hemorragias» (Mat. 9:20; Mar. 5:25; Luc. 8:43). Es probable que su condición fuera un sangrado constante desde el momento en que menstruó por primera vez. Mediante un poco de deducción podemos concluir que los últimos doce años habían sido intolerables para ella. Las leyes de Israel eran estrictas en cuanto a la sangre y la enfermedad. Podemos ver un ejemplo de estas leyes en Levítico 15:19-31. La idea de purificar lo inmundo está presente en los Evangelios, sobre todo en Marcos y en el relato de la mujer con el sangrado. Las personas en un estado impuro (con enfermedades o hemorragias) debían ser evitadas y debían alejarse de los demás para no contaminar los espacios limpios. Por lo tanto, es probable que estuvieran aisladas, sin relaciones ni contactos, hasta que fueran sanadas. Sin embargo, tras la sanidad debían entregar ofrendas expiatorias al sacerdote para ser declaradas limpias oficialmente. Si unos pocos días de impureza y aislamiento de la comunidad eran difíciles, ¿puedes imaginar cómo fueron doce años de esto?

Al hablar de *barrio bajo* nos referimos a un vecindario mal financiado y empobrecido. No conocemos mucho sobre el origen de la mujer con el sangrado, salvo que había invertido su dinero en médicos para buscar una cura, pero sin resultados positivos. Si ella tenía familia, en el mejor de los casos, ellos también invirtieron sus recursos para hallar una cura; en el peor de los casos, ellos la abandonaron a su suerte. Sin importar su origen, la mujer con el sangrado acabó en una vida de barrio bajo empobrecida.

El barrio bajo suscita emociones ambiguas en aquellos de nosotros que crecimos en lugares semejantes. De manera sistemática, los barrios bajos son los vecindarios desatendidos, separados por razas, víctimas de altos índices delictivos, de embarazo, de deserción escolar, con bajo rendimiento estudiantil y escuelas mal financiadas. Cuando pensamos en *el barrio bajo*, raramente tomamos en cuenta a aquellos que viven ahí, personas creadas a la *imago Dei* (imagen de Dios). Por esta razón, aquellos de nosotros que crecimos en barrios marginados nos perdemos en la sombra de las estadísticas y no se nos trata como a hijos e hijas del Rey Jesús. Si bien la realidad de nuestros vecindarios persiste, del mismo modo lo hacen los recuerdos hermosos de crecer con la familia y los amigos. Así, esos lugares que se muestran deteriorados y ruinosos son, para algunas personas, sitios donde construyeron vínculos afectivos a través de sus familiares y amigos. El barrio bajo nos entrega el regalo de la resistencia y la perseverancia en la vida. La frase *sí se puede* encierra esta actitud con precisión. Dolores Huerta es una defensora y líder en beneficio de los derechos de los granjeros en Central Valley, California. Ella con frecuencia ha usado esta frase para darnos ánimo a aquellos que vivimos en la periferia.

La mujer con el sangrado ejemplifica esta fuerza en su actitud hacia Jesús. En Marcos 5:27 se nos informa lo sucedido: «Cuando oyó hablar de Jesús, se le acercó por detrás entre la gente y le tocó el manto». El sufrimiento y la reticencia no le impidieron a la mujer perseguir una última esperanza, su oportunidad definitiva de ser sanada. Podemos imaginarla como una forastera que procura atravesar la turba. Me la imagino luchando con sus pensamientos: *¿Qué estoy haciendo? No pertenezco aquí. Estoy tocando a estas personas; las estoy contaminando... ¡pero Jesús está aquí! ¡Solo debo tocar Su manto!* Podemos conjeturar su estado físico de acuerdo a su condición: cabello largo y enredado, vestiduras manchadas de sangre, úlceras visibles y otras escondidas, dolor en su cuerpo y en su alma, el anhelo de estar fuerte, pura y saludable y el deseo de recuperar su hermosura. Si tan solo tocaba el manto de Jesús...

Las mujeres latinas en Estados Unidos quizás se identifiquen con la desesperación de esta mujer en busca de una sanidad que estaba al alcance de su mano. Según la National Latino Network [Red nacional de latinos], una de cada tres latinas ha sufrido violencia de parte de su pareja, más de la mitad conoce a una sobreviviente de violencia doméstica y una de cada cuatro conoce una sobreviviente de agresión sexual.[1] Muchas de nosotras hemos experimentado el colorismo (la segregación o la obtención de beneficios por causa del color de la piel), la discriminación por edad o el racismo. Las latinas que residen en Estados Unidos sufren por muchos motivos. Incluso si tú no creciste en un barrio bajo, seguramente muchas de tus hermanas sí. Ahora debemos preguntarnos, ¿cómo nos vamos a unir y a llamarnos Mija, hermana y amiga unas a las otras? Quizás solo debamos construir una amistad para empezar a apoyarnos en nuestro trayecto.

La sanidad de la mujer con el sangrado estaba al alcance de su mano. Ella percibió algo en la vida de Jesús que la hizo desear conectarse con Él. La mujer se escurrió entre la multitud en dirección a Cristo, con sus últimas energías y llena de fe. Quizás pensó: *Con solo un roce desaparecerá mi tormento, mi dolor, mi angustia y mi aislamiento.* Esta era su esperanza y su fe. Jesús era su último recurso. Ella había invertido todo su dinero en médicos y ungüentos. Esta era su última oportunidad. Ya no quedaba nada ni nadie, excepto Jesús.

Inmediatamente después de tocar el manto de Jesús, la mujer quedó sana y Él lo *sintió* en Su interior: «... alguien me ha tocado [...] yo sé que de mí ha salido poder» (Luc. 8:46). Sus discípulos (y posiblemente tú también) cuestionaron la relevancia de Su afirmación, puesto que había una multitud a Su alrededor (Mar. 5:31; Luc. 8:45). En efecto, mucha gente tocó a Jesús, pero Él deseaba conocer quién de ellos había recibido sanidad.

## JESÚS INTERVIENE

Luego de que Pedro certifica lo evidente (que había demasiadas personas como para saber quién había tocado a Jesús), Lucas escribe: «No, alguien me ha tocado —replicó Jesús—» (Luc. 8:46). Marcos comenta: «Pero Jesús seguía mirando a su alrededor para ver quién lo había hecho» (Mar. 5:32). Jesús está creando la oportunidad para que la mujer con el sangrado se exprese. Ella se había acercado a Cristo sin ser notada o vista, para no causar problemas (Luc. 8:47). ¿Te suena familiar? La mujer deseaba mantenerse al margen, en total anonimato. Quizás ahí yacía su identidad: alguien relegada a las sombras. Es posible que ella se sintiera avergonzada o acaso estaba demasiado enfocada en obtener sanidad como para pensar en otra cosa. Quizás no se consideraba digna de acercarse a Jesús cara a cara; años de ser tratada como inferior pudo convencerla de que no era importante. Sin embargo, Jesús deseaba que ella se mostrara y se expresara. Él la ayudó a descubrir su verdadera identidad.

La mujer con el sangrado ejerció toda su audacia y su habilidad para llenarse de una valentía inusitada. Entonces, nerviosa y con miedo, se arrojó a los pies de Jesús y «le confesó toda la verdad» (Mar. 5:33). Luego: «En presencia de toda la gente, contó por qué lo había tocado y cómo había sido sanada al instante» (Luc. 8:47). Tan solo podemos conjeturar cuál era «toda la verdad» a la que se hace referencia. Quizás explicó sus intentos de encontrar un remedio para su enfermedad, o es posible que haya revelado cómo iba de un doctor a otro, haciendo pagos continuos para hallar alguna posibilidad de sanidad. Quizás, entre lágrimas y temblores, les refirió las condiciones precarias en que vivía (similares a las de los barrios bajos) y que le era casi imposible construir relaciones con los demás por causa de su condición. También es posible que lamentara no haber tenido la oportunidad de casarse, tener hijos y vivir como la mayoría de mujeres lo hacía en aquella sociedad. Con una fe profunda, la mujer que padecía de hemorragias narró su historia.

Me encanta cómo Lucas y Marcos manejan el relato de esta mujer, pues no la dejan pasar desapercibida. Mateo se enfoca en el papel de Jesús en esta historia, lo cual es apropiado para el Evangelio que se enfoca en Emanuel, Dios con nosotros. Sin embargo, Lucas y Marcos resaltan el ingenio de la mujer con el sangrado. Los autores de los Evangelios exaltan la *fe* de la mujer: ¡su valentía de acercarse a Cristo y tocar Su manto! Ella tuvo la oportunidad de referir su verdad cuando Jesús la invitó al centro de atención, donde Él estaba. Allí, en medio de la multitud, Él la invitó a usar su voz y a recibir la sanidad absoluta.

## BIENVENIDA A LA COMUNIDAD: TÚ ERES MIJA, HIJITA MÍA

Jesús tenía el hábito de sanar las vidas en todos los aspectos; por eso podemos afirmar que la mujer con el sangrado no recibió sanidad física únicamente. Cristo deseaba restaurar las relaciones de la mujer. Cuando la llamó al centro, estaba aderezando la situación para que la comunidad la viera. Las personas se enfocaron en la mujer, atentos a lo que diría. ¡Eso era justo lo que ella procuraba evitar! No obstante,

Jesús tenía un plan de sanidad más abarcador. Tras el discurso de la mujer y antes de que Cristo hablara, hubo silencio. El tiempo se detuvo y la multitud se preguntó si la mujer recibiría un castigo por haber tocado al Maestro. Con autoridad y propósito, en los tres Evangelios Jesús la llama *Mija*, mi hija.

Cristo pudo haber sanado las hemorragias y nada más, pues tenía asuntos importantes que atender. (Recordemos que Jairo estaba esperando a que Jesús sanara a su hija agonizante de doce años mientras ocurrían estos hechos). Sin embargo, el amor de Cristo por la mujer con el sangrado y por todas aquellas que ella representa generó una sanidad absoluta. Él deseaba regalarle salud física *y* social, sistémica *y* personal. Cuando la llamó *hija*, Jesús le estaba dando la bienvenida a la comunidad familiar que Él estaba creando (ver Luc. 8:19-21). ¡El aislamiento social y la separación de Dios habían terminado para Mija! Ahora que gozaba de la identidad de una hija, ella podía construir relaciones. No obstante, eso no fue todo: ella diseminó su historia por todo lugar. Finalmente, su relato se incluyó en los Evangelios y estos resaltaron su identidad como hija. Me gusta imaginarla entre las mujeres que tenían el llamado de seguir a Jesús y proveer en múltiples formas para Su ministerio (ver Luc. 8:1-8).

## LA HISTORIA DE LA MUJER CON EL SANGRADO EN EL CONTEXTO LATINO

Las mujeres latinas en Estados Unidos tienen la oportunidad de ejercer la audacia y la fe valiente de la mujer que padecía de hemorragias. Incluso en medio de circunstancias difíciles, hay latinas académicas, teólogas, pastoras, mentoras, profesionales de mercadeo, empresarias y educadoras. Muchas de ellas no se avergüenzan de sus inicios en el barrio bajo, sino que buscan restaurar estos lugares mientras avanzan en su propia sanidad interna. Sin embargo, otras han olvidado sus orígenes por la consecución del éxito personal. Una interrogante prevalece: ¿de qué manera nos uniremos para alcanzar la sanidad personal y sistémica de nuestros lugares de origen y también de aquellos donde vivimos?

Al examinar la historia de la mujer con el sangrado, las latinas podemos hallar nuestra voluntad en nuestra identidad Mija. También a nosotras Jesús nos llama hijas. Cuando consumamos nuestra fe, estamos encarnando esa identidad y vivimos como hijas de un hombre fiel. La palabra *identidad* es capital en nuestro *zeitgeist* actual. Nuestra cultura está obsesionada con ser fieles a quiénes somos. Como seguidores de Jesús, enfrentamos la tentación de adoptar una identidad que no nos corresponde, en especial cuando le permitimos a algo o alguien que no sea Jesús determinar quiénes somos.

Por ejemplo, las mujeres latinas en Estados Unidos sienten la presión de adecuarse a ciertos estándares. En las telenovelas y en todos los medios del país, la belleza está representada por un ideal caucásico (alta, delgada y de tez, cabello y ojos claros). Cuando se resalta la belleza de una mujer latina en los medios, por lo general queda sexualizada y estereotipada: se resaltan sus atributos físicos, tiene un acento, un rol de género o un empleo típico de ese rol). Es raro que se nos represente como abogadas, profesoras o doctoras. Es aún más extraño que no quedemos sexualizadas. Todo esto provoca que se perciba a las mujeres latinas como híper sexuales y deseducadas y que se las limite a ciertas ocupaciones, empleos o niveles educativos.

Así como la mujer que padecía de hemorragias, también nosotras podemos sentirnos ignoradas en nuestra sociedad. Por ejemplo, mi consejero de secundaria pudo haberme apoyado un poco más. Él me aconsejó que asistiera a un centro público superior, a pesar de que mi promedio general era excelente, había tomado múltiples clases avanzadas, me iba bien en los exámenes e incluso participé en un programa AVID (Advancement Via Individual Determination [Avance por determinación personal], un programa que busca preparar a los estudiantes para la universidad). Obtuve información sobre la universidad gracias al apoyo de mis padres y a una empleada latina en mi colegio. Una amiga me comentó sobre las ferias de universidades y en octubre de mi último año de colegio un reclutador de la feria me informó que mis notas me permitirían aplicar a un programa honorífico. Un programa así me otorgaría una beca completa durante cuatro años, pero solo faltaba un mes para que terminara el periodo de solicitudes. Como por un milagro, logré entregar mi solicitud con referencias a tiempo y me aceptaron en el Smittcamp Family Honors Program [Programa familiar Smittcamp para estudiantes destacados] en la Universidad estatal de California en Fresno.

Las mujeres latinas en Estados Unidos podrán identificarse con la mujer que padecía de hemorragias por cuanto también son ignoradas, invisibles y habitan en la periferia. Sin embargo, al igual que la mujer de nuestra historia, nosotras hallamos nuestra identidad en Jesús; somos Mijas y hermanas en el reino de Dios. Puedes decirlo en voz alta para estimularte, hermana: ¡Yo soy hija de Dios!

## LIDERAZGO MIJA DESDE LA PERSPECTIVA DE LA MUJER CON EL SANGRADO

La mujer con el sangrado, a quien a partir de ahora llamaré Mija, es un ejemplo de liderazgo para líderes latinas en desarrollo. Primero, ella recibe su nombre e ilustra un estilo de liderazgo fundamentado en la identidad Mija. Segundo, el liderazgo del cristiano se basa en la fe valiente que ella exhibe en su historia. Tercero, todo líder puede aprender del ingenio y la iniciativa de Mija. Cuarto, el liderazgo Mija se basa en la verdad, que también es su discurso. Quinto, ser líder implica influenciar a las generaciones del futuro, como lo ha hecho Mija a través de su historia. Consideremos con más detenimiento estos puntos.

*El liderazgo está fundamentado en nuestra identidad Mija.* La mujer de la historia recibió un nombre y una identidad nuevas como hija del Rey Jesús. Las líderes Mija, también hijas de Cristo, sabemos que Dios nos ama sin importar cuán efectivas seamos en el ministerio o cuántas veces fallemos. También sabemos que ningún galardón, premio, enseñanza ni crítica modificará el amor que Cristo tiene por nosotras. El liderazgo demanda que reconozcamos nuestra identidad personal y también quiénes somos en Jesús. Como Sus hijas, sabemos de dónde proviene nuestro llamado. No es una fantasía de nuestra imaginación, sino una realidad que emerge de nuestra relación con Jesús. Debemos recordar que somos hijas, así sabremos a quién acudir en busca de sanidad: a Jesús. Cuando des una sugerencia en una reunión de liderazgo y la ignoren, o cuando te pidan representar a tu gente, pero cuestionen tus propuestas, debes recordar que tus ideas son valiosas porque eres hija de Dios. Tu voz y tu liderazgo provienen del Rey; eres hija de Dios. Por lo tanto, pídele a Jesús sabiduría para ejercer un liderazgo de gracia y verdad frente a los retos.

Al ser una mujer latina en el liderazgo, mis sugerencias han sido cuestionadas, debatidas, objetadas e incluso ignoradas. En momentos como esos, es necesario que recuerde mi identidad y mi valor, no solo para crecer en el liderazgo, sino también para avanzar en mi relación con el Señor. Debo meditar con precaución cuándo me equivoco y cuándo acierto. Yo no soy la rechazada de aquellos a los que procuro guiar ni encarno los insultos que otros profieren sobre mí. En realidad, mi identidad y mi valor provienen de que Jesús me haya nombrado Mija. ¿Cómo has recibido en tu vida la realidad de ser hija de Dios? ¿De qué manera podrías asimilar esta identidad?

***Mija nos muestra que el liderazgo cristiano se fundamenta en la fe valiente.*** Los grandes líderes con frecuencia resaltan las *acciones* que promueven una transformación y no la *persona* que maneja dicho cambio. Solo tendríamos que examinar la política mundial para descubrir que la ética personal de un líder no siempre concuerda con su discurso. Esto no debería suceder entre creyentes. Los cristianos debemos vivir plantados en nuestra relación con Jesús. Nuestro liderazgo implica seguir la dirección del Espíritu Santo; esto puede ser una conversación con un amigo o convertirnos en un líder de estudio bíblico. Un liderazgo que no se basa en el amor por Jesús y el prójimo podría llegar a ser dañino. Sin embargo, si lo fundamentamos en Jesús, producirá mucho gozo, como hemos visto con Mija.

La mujer de nuestra historia basó sus acciones en una fe que considero valiente. Mateo, Marcos y Lucas afirman que ella poseía una gran fe. Esto ha quedado establecido. No obstante, Mija también necesitó mucho *coraje* y *ganas* para atravesar la multitud y tocar el manto de Jesús. Ella necesitó valor porque deseaba ser curada sin provocar un alboroto. Mija era una mujer herida por el aislamiento y los años de enfermedad. Si bien ella buscó la sanidad desde el anonimato, hacerlo requirió mucha valentía. Una persona puede experimentar dolor a la vez que intrepidez; la fe y un temor sano semejante al asombro pueden cohabitar. Mija no fue directa, sino indirecta y muy esforzada. Su fe valiente yacía dormida en su interior, pero en el momento correcto la hizo surgir con muchas ganas para tocar el manto de Cristo.

Si nos conectamos al Señor, también tendremos valentía. Si nuestro enfoque primario es seguir a Jesús y confiar en Él, entonces no repararemos en lo que otros digan, en cómo respondan o en si fallamos o no. Estar cerca de Jesús será nuestra perspectiva. Nuestro fundamento no yace en la opinión de la multitud sobre nuestro liderazgo o sobre nosotros, sino en lo que Jesús afirma que somos: Mijas con valor. La fe debe ser la base de tu liderazgo. Pídele a Dios valor y enfoque, para que puedas ejercer tu influencia donde vayas. ¿Qué implica esto en la vida diaria? Esto implica aceptar las oportunidades de liderazgo que parezcan estar un poco fuera de tus habilidades: manejar un estudio bíblico, crear un grupo en la universidad, aprender cómo evangelizar a un amigo o avanzar en tu desarrollo profesional. Ejercer una fe valiente encierra prestar atención a esos momentos en que deseas compartir la verdad con un grupo de personas, pero te abordan pensamientos negativos: «No perteneces aquí», «No vale la pena decir lo que piensas» o «No molestes a estas personas». Un liderazgo de fe valiente también implica adoptar tu identidad Mija en esos momentos y compartir lo que piensas, argumentar la verdad, incluso si tus palabras interrumpen la dinámica grupal.

***El liderazgo Mija es ingenioso y sus acciones impactan a aquellos a quienes orientamos.*** En varias ocasiones he escuchado que a los latinos se nos describe como ingeniosos. Durante mi ministerio, he visto estudiantes usar a cabalidad sus recursos para recaudar fondos para becas y el ministerio en otros países. Una vez, un grupo de estudiantes de Fresno State InterVarsity LaFe vendieron pan dulce y cafecito para recaudar fondos para una conferencia. En otra ocasión, una estudiante de Fresno City llamada Tania vendió pupusas salvadoreñas para obtener fondos para su viaje ministerial de verano a Bosnia.

La voluntad es la capacidad de actuar. El liderazgo implica ejercer tu voluntad, pero hacerlo *especialmente* frente a los retos es parte del liderazgo Mija. Ella lideró a pesar de su enfermedad y de sus dificultades económicas. Este tipo de liderazgo explota los recursos a la mano, pero sin eludir la realidad dolorosa que enfrentamos. Piensa en los estereotipos aplicados a las mujeres latinas y cuánto debemos luchar para destruirlos. En aquel punto de su vida, Mija no permitió que el ostracismo, su condición social ni su enfermedad le impidieran acercarse a Jesús y tocar Su manto. Para llevar a cabo ese acto, ejerció toda su voluntad, su ingenio y su fe. Ese esfuerzo requería sus pies, su perseverancia de barrio bajo para atravesar la multitud y también su fe valiente.

Por favor, considera lo que digo. Las dificultades que enfrentamos son muy reales. Algunas de ellas incluyen años de opresión sistémica en contra de nuestras familias. Mi abuelita no tuvo acceso a la educación, porque los costos eran excesivos. Las clases altas, particularmente las personas blancas, eran quienes tenían un mejor acceso a los estudios. Estos sistemas están mal. No digo que los ignores y que lo resuelvas todo por tu cuenta; eso no es lo que Jesús enseña. De hecho, Él deseaba que Mija tuviera el apoyo de su comunidad y por eso le permitió expresarse en frente de la multitud. De ese modo todos escucharían la injusticia que ella había sufrido y verían el milagro y la justicia de Dios. Sin embargo, tú eres única. Solo tú puedes ejercer la voluntad que llevas dentro, el Espíritu de Dios, que te permitirá actuar con valentía y buscar ayuda, hacerte escuchar o guiar a otros. El Señor te ha formado y te ha ubicado en el lugar correcto.

¿De qué recursos dispones para mejorar tu liderazgo? Recuerda que no estás sola en este viaje; tienes hermanas que avanzan contigo y con quienes puedes conectar, aprender y progresar. Quizás te identifiques con la situación de Mija: una mujer sola en su camino hacia Jesús o en su misión de liderazgo. Sin embargo, recuerda que Mija no permaneció sola por siempre, sino que Jesús le permitió reingresar a la comunidad para obtener sanidad absoluta. Cuando queramos utilizar nuestros recursos y la voluntad que poseemos, es beneficioso responder estas preguntas: ¿Qué dones me ha entregado Dios que yo pueda ofrecerle al mundo? ¿Qué me apasiona hacer? ¿En qué áreas del liderazgo me gustaría participar y qué debo hacer para alcanzarlas? ¿Hay otras mujeres a mi alrededor que deseen crecer en su identidad latina de liderazgo? ¿Qué personas han ejercido el área de liderazgo que me interesa y cómo me contacto con ellas? Esta última pregunta es un camino metafórico hacia tocar el manto de la persona que ha allanado el camino de tu progreso como líder. Al responder estas preguntas, podrás comprobar la voluntad y el ingenio que llevas dentro para impactar el mundo.

***El liderazgo Mija está fundamentado en la verdad y en revelarla por completo.*** El liderazgo de Mija quedó en evidencia cuando ella dijo la verdad. Quizás ella no estaba lista para revelar su historia, pero aun así presentó la verdad por completo. A veces, evitamos decir toda la verdad porque tememos lo que otros dirán o porque no deseamos exponer principados y potestades que operan en nuestro barrio. Recordemos que Mija se expresó con miedo y temblores; es decir, con pasión y vulnerabilidad propias de su carácter. En nuestro contexto, esto podría significar hacer presentaciones que revelen la injusticia a la que se nos ha sometido o quizás pedir que se ore por aquellos afectados por la infamia.

En mi último año de la universidad, participé en el programa honorífico Career Opportunities in Research [Oportunidades profesionales en la investigación] del National Institute of Mental Health [Instituto nacional de salud mental]. Este programa requería que los estudiantes del grupo (cinco personas más o menos) se reunieran y realizaran presentaciones sobre un problema de salud relevante. Yo decidí tratar el oscuro y misterioso mundo del tráfico sexual internacional y los albergues y centros de cuidado que ayudan a las víctimas rescatadas a rehabilitarse. Recuerdo que mientras concretaba la presentación me sentí ansiosa y al exponerla frente a mis compañeros me sentí un poco asustada. Yo no estaba acostumbrada a discutir temas sobre sexo en contextos académicos y mucho menos a hablar de organizaciones sin fines de lucro religiosas que ayudaban a las víctimas. Sin embargo, decidí revelar la verdad de esa gran pandemia y también los esfuerzos del pueblo de Dios para ayudar a las víctimas. Cuando exponemos nuestra verdad, como yo en la presentación o como Mija entre la multitud, podemos sentir una gran pasión y vulnerabilidad. En esos momentos estamos defendiendo a nuestra gente y a nosotros mismos. Al decir la verdad, descubrimos nuevas realidades en nuestro interior y podemos colaborar con el reino de Dios para exponer la injusticia. ¿Qué verdad debes revelar sobre tu vida, tu sociedad o tu experiencia como líder?

***El liderazgo Mija prevé cómo las generaciones futuras serán bendecidas mediante nuestras acciones.*** Mija diseminó su historia de sanidad sin cesar; no por nada todavía estamos leyendo su relato siglos después. Fue relatada a tal punto que se incluyó en tres de los cuatro Evangelios. Sin duda es una historia hermosa y edificante cuya influencia sigue vigente hoy.

¿Ya has determinado cuál es tu historia de impacto que puede empoderar a tus hermanas actuales y a aquellas que vendrán en el futuro? El legado de Mija es crucial. Cuando examinas su vida y su liderazgo, ¿de qué manera edifica tu vida? ¿Qué otras mujeres de Dios han impactado tu vida? Quizás tu abuelita y tu mami u otras mujeres que han tomado esos roles en tu vida tengan algo que decir sobre el liderazgo y nuestra identidad Mija. De ahora en adelante, ¿cómo ejercerás tu influencia en sitios que no fueron pensados para ti, lugares donde no te has sentido bienvenida? ¿Qué pasaría si te unes a la siguiente generación de líderes Mija latinas?

## LAS MIJA DE HOY

En la actualidad, existen mujeres que también sangran y desean ser llamadas Mija. No podría revelar muchas de estas historias, pero si examinas tu barrio y tu niñez, tus familiares y tus antepasados, seguramente encontrarás un legado de líderes Mija. Estas mujeres han establecido su identidad como hijas en Jesús.

A continuación, te refiero mi historia de transformación Mija. Tras graduarme del colegio, decidí que no podía seguir viviendo con la inseguridad que me carcomía desde la escuela. Yo deseaba algo diferente, pero desconocía la manera de obtenerlo. También sabía que tenía mucho que dar, pero no sabía cómo. Me parecía que podría llegar a ser una líder, pero quizás no tan buena. Ni siquiera estaba segura de qué significaba ser una buena líder. Entonces mi visión del liderazgo cambió durante un estudio bíblico del Evangelio de Lucas, donde conocí a Jesús y quedé enamorada. Cuando vi Su forma de relacionarse con las mujeres en Lucas, inició mi sanidad interna. Él respetaba sus cuerpos, sus opiniones, les abría un espacio para expresarse (como en el caso de Mija), las sanaba y les permitía caminar con Él y Sus discípulos. En Jesús encontré el hombre fiel y el modelo de líder que había estado buscando.

Algunos años más tarde, me invitaron a predicar en un evento de capacitación laboral para mujeres en mi antigua iglesia en Fresno, en la United Faith Christian Fellowship [Hermandad cristiana fe unida]. Me pidieron que hablara sobre la mujer que padecía de hemorragias. Mientras preparaba mi intervención, descubrí que, si bien mi inseguridad había sido deshecha por Jesús en mi primer año de universidad, todavía existían áreas de mi vida donde me asediaban las dudas. Había incertidumbre en las finanzas de mi ministerio, en mi papel como instructora de la Palabra de Dios e incluso en mi vida amorosa. Mientras predicaba, recuerdo que finalmente sentí el anhelo incontenible de sanidad que Mija exhibió. Pude sentir dentro de mí la urgencia de ser rescatada de la inseguridad en mi vida. Luego de predicar, le pedí a Jesús que trajera un cambio a las finanzas de mi ministerio, que me liberara de las dudas sobre convertirme en una predicadora y que transformara mi perspectiva sobre los hombres. La historia de Mija ha impactado mi vida más de una vez y me recuerda que soy Hija, yo soy Mija y mi llamado está basado en esa verdad.

Mientras avanzo en mi caminar con Jesús y aprendo más del liderazgo de Mija, mi alma continúa sanando. Al principio, la historia de esta mujer me inspiró a compartir con los demás mi experiencia como inmigrante y a referirles cómo Jesús me estaba sanando en esa área. Después, su ejemplo me hizo plantar mi valor en mi identidad como hija de Dios y no en si un compañero del ministerio decidía o no asociarse conmigo. Hoy, con más de 30 años de edad, me apoyo en la vida de Mija para mantenerme firme como una hija amada que merece afecto y pertenece a una comunidad. Sigo soltera, pero mi temor a los hombres está disminuyendo y mi confianza en Jesús aumenta. Mi identidad no se basa en mi situación amorosa, en las oportunidades que tengo de predicar ni en el número de asociados de nuestro ministerio, sino en la realidad de que soy la Mija amada del Señor.

## DE LA HISTORIA DE MIJA A LA TUYA

¿Qué te hace sufrir? ¿Cuál es la verdad que debes proclamar? Dedícale un rato a reflexionar y tomar notas sobre la relación entre la historia de Mija y la tuya.

¿Cómo podrías compartir con otros tus ideas sobre este tema? ¿Qué podrías crear que plasme tu identidad Mija? Por ejemplo, podrías escribir un poema, pintar, dibujar, crear una obra de técnica mixta o componer una canción sobre el liderazgo Mija.

Dedícale tiempo a tu relación con Jesús, a ser Su hija. Si te sirve, repite esta verdad por un tiempo hasta que sea parte de tu alma: Yo soy Mija, en quien el Señor se complace.

Reflexiona sobre el llamado de Jesús para tu vida. ¿Qué recursos te ha dado el Señor para que impactes tu contexto y ejerzas tu liderazgo Mija? Haz una lista de estrategias que te permitan iniciar el cambio que deseas vivir.

# 4

# ANA
## DE DESAMPARADA A FIEL

NATALIA KOHN

Yo sé bien cómo se siente que te abandonen. Ese sentimiento atroz de quedar olvidada me persiguió durante mis estudios, me siguió en los años posteriores a la universidad y me asaltaba con frecuencia hacia mis 30 años de edad. Mi liderazgo marchaba bien y me gustaba tomar riesgos junto a Dios. Sin embargo, había horas, días e incluso semanas en que me asediaba la tristeza y el desconcierto. Esa sensación de vacío impactó mi salud mental, la estabilidad de mis emociones, mi femineidad y también mi liderazgo espiritual. Yo pensaba que jamás encontraría un buen esposo y esos miedos me consumían y me provocaban ansiedad. Solía «probar» con un hombre que hacía lo mismo conmigo, pero todo acababa en enamoramientos cíclicos. Cuando tenía veinte y tantos años de edad, «salí» con algunos hombres (no éramos novios oficiales, pero actuábamos como una pareja). Eso me trajo relaciones poco saludables y mi vida amorosa se llenó más de dolor que de amor o de vida. La duda terrible de que Dios quizás me había abandonado me acechaba todo el tiempo.

Mi soltería era más difícil de sobrellevar si consideramos que soy argentina y armenia, dos culturas donde las personas se casan a menor edad que en otras culturas de gente blanca. No obstante, no solo enfrentaba una presión interna; mi familia y amigos hacían comentarios al respecto todo el tiempo, lo cual me hacía sentir aún más abandonada y olvidada.

¿Alguna vez te has sentido abandonada por Dios? Quizás has luchado por años con una situación que ya no crees poder cambiar. Es posible que te sientas ignorada por Dios, como si no te viera o no te considerara importante. ¿Le importo al Señor? ¿Suplirá mis necesidades? ¿Dios es bueno? Estas preguntas forman parte de la base de nuestra fe y determinan nuestra percepción del carácter de Dios. También son determinantes en cómo reaccionamos ante el Señor, especialmente en tiempos difíciles.

Ahora examinemos la vida de una mujer de la Biblia que también se sintió abandonada por Dios. Veamos cómo interactuaba con el dolor, las circunstancias y su Dios. Te invito a entrar al mundo de Ana, donde podremos ver cómo esta mujer, rodeada de pérdida e infertilidad, se unió a Dios para convertirse en una líder de fe para las generaciones futuras. El dolor y el sufrimiento pueden llevarte hacia Dios, de modo que le permitas obsequiarte una fe radical que sostenga y proteja tu liderazgo.

## CUANDO LA VIDA ES ESTÉRIL

Ana, nuestra heroína, era estéril: *incapaz de tener hijos.*[1] Ese término atroz, cargado de dolor y tormento, se convirtió en su identidad, en aquello que la definía dentro y fuera de su familia. El Libro de Samuel inicia con la historia de Elcaná, un hombre que tenía dos esposas: Penina, quien le engendró hijos e hijas; y Ana, su esposa amada que era estéril. El autor afirma simplemente que el Señor la había hecho así. La historia no se concentra en Elcaná, el patriarca, sino en Ana, la esposa infértil, amada por su esposo y atormentada por su condición.

Su menstruación era un recordatorio mensual de su incapacidad de concebir hijos. Al leer 1 Samuel 1:5-6, es imposible ignorar la frase recurrente: «El Señor la había hecho estéril». La afirmación es incómoda y nos lleva a preguntar: Señor, ¿por qué la hiciste estéril?

¿Por qué eres Tú la causa de su infertilidad? ¿Por qué debía ella soportar eso? Sin duda, podemos imaginar la aflicción permanente que Ana experimentaba física y emocionalmente.

Aparte de la decepción mensual y anual y de observar a Penina jugar con sus hijos a diario, Ana también debía soportar las consecuencias sociales de su esterilidad. En esos tiempos, las mujeres servían un propósito claro: tener hijos para mantener vivo el linaje de su esposo. Ellas no tenían acceso a la educación ni gozaban de la oportunidad de cumplir sus sueños. El objetivo principal de la mujer era su familia: atender el hogar, con una autoridad y liderazgo confinados al comportamiento de sus hijos. Si era estéril, entonces su razón de ser disminuía drásticamente. Ana vagaba errante y su esposo era su único amor; era ridiculizada, menospreciada y tratada como una mujer inferior.

## LAS EMOCIONES PUEDEN SER NUESTRA FORTALEZA

Las mujeres latinas tienen algunas similitudes con Ana: son menospreciadas, forman parte de una minoría y en muchos casos no tienen una plataforma donde hacerse oír. No obstante, cuando somos libres de expresarnos y ser genuinas, por lo general somos apasionadas, expresivas y abiertas con nuestras emociones. Esto puede ser a la vez una fortaleza y una debilidad. Usualmente no somos estoicas ni ocultamos los sentimientos; de hecho, algunas de nosotras a veces anhelamos tener la capacidad de distanciarnos emocionalmente de una situación. Ser genuinas, vulnerables y apasionadas son fortalezas en nuestra comunidad. Es esa vulnerabilidad lo que en ocasiones nos distingue de otras mujeres. Si no te identificas con esa descripción, no hay problema. Sin embargo, piensa en tus tías, abuelitas, tías de la iglesia y considera cómo ellas utilizan las emociones para conectarse con otras personas y sus contextos. Las emociones pueden ser nuestra fortaleza. Somos personas que celebran y que se afligen; se nos ha enseñado la importancia de aceptar ese espectro completo. Estar conscientes de nuestras emociones es considerado una virtud y un regalo en nuestra comunidad.

Las mujeres latinas no somos ajenas a la pérdida y la desesperación. Carolina es un ejemplo de esto: ella estudiaba negocios en la universidad y trabajaba a medio tiempo para mantener vivo su sueño y a la vez pagar por la educación de sus hermanitos. También está Vanessa, que perdió a su hermano en un terrible accidente, lo que resultó en una crisis de esperanza y fe. La esterilidad también puede significar la ausencia de una figura paternal en tu vida. Al igual que Marissa, quizás tú has lidiado con la ausencia de un padre y has tenido que orientarte sola. Algunas de nosotras sufrimos como Ana y procuramos quedar embarazadas; otras lidiamos con la infertilidad relacional y la soltería. Permitamos que Ana sea una mentora y una maestra en situaciones donde es necesario esperar.

A las mujeres latinas por lo general nos enseñan a resistir y a luchar hasta el final, sin importar la pérdida o el sufrimiento. Nosotras descendemos de mujeres que persistieron y mostraron fuerza y valor. Ahora veamos cómo Ana luchó y avanzó por su familia y su Dios.

## LEAL Y LLENA DE FE

Consideremos lo que hizo Ana, por orden del Señor, cuando ella fue al templo. Cuando ella entró a orar, la Biblia afirma que hizo algo ya acostumbrado: Ana le rogó a Dios por enésima vez, con su alma al descubierto. Su oración era pura, real y libre de los deberes y las tradiciones religiosas. En su ruego exponía la relación que existía entre ella y Dios y confrontaba una interrogante decisiva: ¿Me ha abandonado el Señor? Ella afirmó haber sido olvidada más de una vez en su oración: «Si en vez de olvidarme te acuerdas de mí» (1 Sam. 1:11). Ana deseaba comprobar que su Dios la recordaba.

Las latinas a veces vivimos bajo presión, confrontando dificultades y retos con una actitud de supervivencia, de vivir un día a la vez. Llegamos a actuar como si la sociedad nos hubiera olvidado, o peor aún, como si nuestro Padre celestial nos hubiera desamparado. Ese instinto de supervivencia puede suscitar clamores hacia nuestras familias, amigos y comunidades. Podemos llegar a quejarnos todo el día y a limitarnos a la situación. Sin embargo, ¿somos capaces de entregarle nuestro dolor a Dios? Así lo hizo Ana, sin esconder lo más mínimo. Sus sentimientos y acciones encarnan Proverbios 13:12: «La esperanza frustrada aflige al corazón; el deseo cumplido es un árbol de vida». Sin importar el estado de su corazón, ella se lo entregó a Dios. Ana tenía una relación personal con Él y estaba segura de que la escuchaba.

En 1 Samuel 1:7 se nos informa que todos los años, cuando su familia viajaba hasta Siló para adorar y ofrecer sacrificios, ella regresaba a la casa de Dios. Hermana, ella volvía a Dios año tras año en busca de Su presencia y Su consuelo. Incluso cuando se burlaban de ella por orar, por creer que Dios cambiaría la situación y la haría fértil, ella volvía a Él; y justo ese día se desahogó por completo ante al Señor. Ana no estaba paralizada por su esterilidad o su dolor; ella no se había estancado, sino que permanecía leal a Su relación con Dios.

> Ahora, Señor, haz volver a nuestros cautivos
> como haces volver los arroyos del desierto.
> El que con lágrimas siembra,
> con regocijo cosecha.
> El que llorando esparce la semilla,
> cantando recoge sus gavillas. (Sal. 126:4-6)

Ana fue una gran mujer que sembró con lágrimas y llorando esparció la semilla. Ella se negó a permanecer en casa, enojada, amargada y resentida. En Salmos 126 vemos que el pueblo de Israel esparció la semilla llorando, que trabajaron y creyeron que Dios restauraría sus vidas. Ellos estaban convencidos de que, aunque entonces lloraban, algún día cosecharían con gozo y alegría. Tanto la oración de Ana como este salmo son ejemplos de fidelidad en su forma más pura y natural. La vida se torna confusa, dolorosa y llena de interrogantes, pero siempre avanzamos. Esa fe tiene fundamento. Cuando avanzamos con Dios, estamos creyendo que Él es mayor que nuestra situación y que nos acompaña y nos protege. Nuestra fe declara que Dios no nos ha olvidado y que Él restaurará lo que hemos perdido y nos permitirá soñar de nuevo. No se trata de una emoción superflua o una idea ambigua: es la fe de que el oído y el corazón de Dios están atentos para ayudarnos a avanzar.

La infertilidad de Ana la llevó a depender de Dios; esto quizás no hubiera sucedido si ella hubiera podido tener hijos. Entonces, de haber sido fértil, ¿qué tan grande hubiera sido su fe? Su relación con el Señor era vigorosa y sus oraciones eran reales. Ana no procuraba ser espiritual según una tradición cultural vacía. Su fe era brillante, orgánica y viva; eso le permitía progresar. Toda su fe rebosaba en el templo aquel día porque ella no estaba dispuesta a dejar que su esterilidad dictara su porvenir. Ana creía que Dios podía sanarla y que sin duda lo haría. Ella no iba a permitir que sus circunstancias sellaran sus labios y apagaran sus oraciones, ni que la cubrieran de vergüenza frente a su Dios. Ana sabía que el Señor la amaba, ¿sino por qué regresaba una y otra vez al templo?

Yo tuve la oportunidad de presenciar una fe así de leal en la vida de mi abuelita, Alba Díaz de Kohn. Ella era una hija de Dios que, junto a su fiel esposo, crio trece niños bajo la misericordia y la verdad de Jesús. Ellos vivían en una casa de dos habitaciones en un pueblo rural del norte de Argentina. Tenían poco dinero, educación limitada y pocas oportunidades. Ella sepultó a su quinto hijo (que tenía veinte y tantos años) luego de un accidente trágico. Sin embargo, se aferró a Dios durante ese trauma. Mi abuelita fue de las primeras fortalezas de fe en mi vida, pues ella llevaba consigo la presencia de Dios. La manera en que mencionaba a Dios con tal naturalidad en las conversaciones diarias nos traía paz a todos. Era como si Jesús estuviera siempre en su mente.

Al tener una familia tan extensa, mi abuelita oraba profusamente por el crecimiento de la familia, por la relación de esta con Dios y por fuerzas para continuar. Mientras sus trece niños crecían, mi abuelito pasaba semanas en el campo para abastecer a su familia. Por lo tanto, la mayor parte de la crianza, la alimentación y la disciplina eran responsabilidad de mi abuelita. Mi abuelito murió 30 años antes de que ella se marchara con el Señor, pero durante ese tiempo ella continuó siendo la mentora leal de nuestra familia. En sus últimos años de vida, la demencia senil borró los nombres y las fechas de cumpleaños de sus hijos. No obstante, mi abuelita cantó y tarareó sus himnos favoritos hasta el fin. Ella fue una matriarca espiritual y el pilar de nuestra vasta familia. Siempre fue nuestra guía hacia el Padre celestial.

## DE SOBREVIVIR A PROSPERAR

Cuando tenía 26 años de edad me aferré a la historia de Ana. Examinar su dolor, su desesperación, lo real que era con el Señor fue muy útil en mi relación con Dios. La historia de Ana cobró vida ante mis ojos y provocó que me acercara al Señor en tiempos de ansiedad y frustración. Yo me identifico con ella no en su esterilidad física, sino en la emocional. Tengo 36 años, soy soltera, nunca he estado casada y todavía sigo esperando que Dios provea un buen esposo. Aunque redacto esto sin ningún candidato en mente, mi corazón rebosa de fe, porque sé que Dios todavía me recuerda. Estudiar la vida de Ana durante los últimos diez años ha sido una fuente de consuelo e inspiración para mí. Ella se ha convertido en una amiga y una hermana. Ella me ha enseñado a acudir al Señor una y otra vez, a clamar, a entregarle todo mi corazón. Ya no me retienen la desesperanza y el resentimiento; en las dificultades persevero y le ruego a Dios que supla mi necesidad ese día y esa hora.

La instrucción de Ana ha sido crucial en mi vida. El Espíritu Santo me la recuerda a menudo, para revelarme otra faceta de la fe y pedirme que confíe en que Dios proveerá una vez más. Me parece interesante cómo Dios permite que Ana lidie con la esterilidad y el dolor y, al mismo tiempo, le enseña a prosperar en esa situación. Aunque nuestras circunstancias nos opriman, todavía podemos avanzar y vivir. La oración de Ana fue tan apasionada y real, que el sacerdote la detuvo por creer que estaba borracha. Ella originó una conmoción ese día y no le preocupaban las consecuencias sociales ni espirituales.

Si eso no es estar viva, entonces nada lo es. Dios me está enseñando a vivir a cabalidad como soltera, a lidiar con el desorden y los momentos de gozo en la época de esterilidad, donde debo aguardar. Él me está mostrando que no solo le importan los deseos de mi corazón, sino también mi calidad de vida.

Mientras espero la provisión del Señor, mi fe reboza dentro de mí. Deseo que Su presencia me acompañe, que Su amistad me fortalezca y que Su Espíritu me dé fuerzas y me oriente. Mi espera me ha transformado de una cristiana con fluctuaciones emocionales, que constantemente se pregunta si Dios es bueno, a una mujer cuyo propósito es ser leal y llena de fe. La mayor parte de mi vida, mis esperanzas de matrimonio dependían de un hombre que me conquistaría y me desposaría. Ahora acudo a mi Padre celestial que todo lo provee. Mi «esterilidad» me ha acercado más a Él, me ha permitido conocer Su voz y rogarle que me llene de Su gozo y Su vida. La infertilidad en mi vida es productiva e implica momentos profundos con Su Palabra, que me permiten resistir, y confirmaciones sobrenaturales que son evidencia de que Dios trabaja en mi vida. Él me ha transformado (y lo sigue haciendo) en una hija que no solo busca Su provisión, sino que Su presencia llene mi alma.

En su esterilidad, Ana se acercó a Dios. Ella lo necesitaba, anhelaba estar con Él y así pudo conocerlo de manera más profunda. Además, descubrió que la fe no es egoísta ni aplica solo a nuestros deseos. En ese punto, Ana promete que, si Dios le permite tener un hijo, entonces se lo entregará «para toda su vida, y nunca se le cortará el cabello» (1 Sam. 1:11). Ella rogó no por un hijo a secas, sino por un hijo que sería consagrado a Dios. Su promesa no era una transacción mercantil con el Dios sobrenatural; ella no estaba negociando con Él, sino procurando que su infertilidad resultara en algo grandioso en la voluntad y el propósito de Dios. La perspectiva única de Ana y su forma de pensar estaban basadas en la fe, influenciadas por todos sus años de esterilidad. En ese largo periodo de espera y obediencia, Ana comprendió que su hijo, la respuesta a sus oraciones, serviría un propósito mayor que solo estar con ella y su familia: él sería importante en el plan maestro de Dios para Israel. Su fe produjo frutos a pesar de sus circunstancias.

Mi infertilidad relacional ha hecho que mi fe vaya más allá de mi matrimonio y mi familia. Los frutos de la esterilidad son los propósitos que Dios está construyendo. Nuestra fe podría ser esa línea que separa sobrevivir de prosperar. ¿A qué te enfrentas hoy? ¿Crees que Dios puede anular tu esterilidad y permitir que prosperes?

## DE LA HISTORIA DE ANA A LA TUYA

El liderazgo de Ana es multifacético. Sí, es complicado, pero no por eso incoherente. Su forma de guiar es ser vulnerable ante Dios. Hoy, siglos después, podemos leer sobre su fe impregnada en esa sensibilidad. La fe de Ana en Dios, su honestidad con Él, su oración afligida, es su hermoso momento de liderazgo. Hermana, no debemos permitir que la vida, las tragedias o la vergüenza nos impidan ejercer el liderazgo en la familia, la iglesia, la universidad o el centro de trabajo. Ana tenía motivos para quedarse en casa y renunciar a Dios, pero tenía aún más razones para ir al templo en busca de su Salvador. Ella necesitaba que Dios la acompañara, la consolara y le diera las fuerzas que su cuerpo perecedero no tenía. Su fe en Dios y la convicción de su oración anularon sus sentimientos de abandono.

*Ser honesta con Dios.* A lo largo de los años, he conocido mujeres, latinas en particular, que consideraban su «esterilidad» un obstáculo para su liderazgo. Quizás era haber padecido necesidades al crecer, su estatus en el país o incluso que sus padres nunca tuvieron un título universitario lo que las hacía sentirse no aptas para el liderazgo. Las circunstancias de la vida (pérdidas, tragedias y el sufrimiento en general) nos pueden incapacitar. El abuso que nos rodea, la tormenta que acecha sobre el vecindario, puede suscitar en nosotros un silencio desesperanzado. Ana conocía las emociones oscuras y pesadas. La Biblia afirma lo siguiente: «Ella, muy angustiada, oraba al Señor y lloraba amargamente» (1 Sam. 1:10, LBLA). Ana no acudió a Dios pretendiendo que su vida era perfecta, no se quedó obstinada afuera del templo aquel día, no permaneció en la posada, enojada con Dios, para ignorarlo. Ana oró al Señor. Ella acudió a Él, buscó Su presencia, asistió al templo… Ana fue leal.

*Orar con una fe verdadera.* ¿Oramos nosotras como Ana? ¿Creemos que Dios recibe nuestro corazón sin importar su estado? ¿Acaso le entregamos nuestras emociones, miedos, anhelos y sueños perdidos? Hermanas, la fe y nuestra relación con Dios son nuestra plataforma de liderazgo y progreso, aunque sea en medio del llanto. El mundo necesita mujeres de una fe genuina. Las personas desean líderes que las acompañen en el camino y que no solo se enfoquen en el producto final. Dios inició la historia de Samuel con este hermoso relato de su madre y su fe real. El Señor pudo haber ignorado la historia de Ana y pasar al relato principal, pero Él quería mostrarnos que Samuel nació y creció en la fe.

*Un mundo hambriento de fe.* La generación actual está cansada de la falsedad de las personas que mienten para teñir sus vidas de perfección. Nuestra intimidad con Dios y las demás personas no es solo un artificio para desahogarnos en público. En realidad, esa vulnerabilidad que tenemos con Jesús puede ayudar a redimir a nuestro prójimo, a aquellos que se identifican con nosotros o que atraviesan problemas similares. Nuestra intimidad fiel a Dios existe para Sus propósitos, que nos benefician, pero también nos sobrepasan. La fe que vivimos puede brillar e influenciar la vida de otras personas y, aunque no siempre es fácil compartirla con los demás, lo hacemos, pues sabemos que Dios tiene un plan mayor. El propósito de nuestra fe en medio de las tribulaciones va más allá de nosotros y nuestra familia: su objetivo es que otros puedan creer en el Dios Todopoderoso. Nosotros tenemos la capacidad de ayudar a hombres y mujeres a confiar en el Señor y a caminar con Él. No podemos recibir respuesta a nuestros ruegos sin antes orar y no tendremos testimonios poderosos sin la época de infertilidad. Imagina cómo sería si nuestras iglesias, comunidades y familias rebozaran de mujeres como Ana, que proclaman el amor y la presencia de Dios en el desierto y en el dolor.

Poco después de aquella oración, Ana quedó embarazada y dio a luz a Samuel. Tras cuidarlo y nutrirlo unos años, ella se lo entregó a Dios, como lo había prometido. Haber cedido a su hijo al sacerdocio de Israel para que fuera criado en la casa de oración fue un acto desgarrador que pocas podríamos imaginar. Sin embargo, Ana eleva una oración a Dios, llena de agradecimiento, mientras se alista para entregar a su único hijo:

> El Señor da la riqueza y la pobreza;
> humilla, pero también enaltece.
> Levanta del polvo al desvalido
> y saca del basurero al pobre
> para sentarlos en medio de príncipes
> y darles un trono esplendoroso.
>
> Del Señor son los fundamentos de la tierra;
> ¡sobre ellos afianzó el mundo!
> Él guiará los pasos de sus fieles,
> pero los malvados se perderán entre las sombras.
> ¡Nadie triunfa por sus propias fuerzas! (1 Sam. 2:7-9)

Si examinamos 1 Samuel 2:21, podremos comprobar que Dios, además de bendecir a Ana con un hijo que sería criado en el templo y en Su presencia (y que eventualmente se convertiría en el líder de Israel y en uno de sus mejores profetas), también le permitió tener cinco hijos más (tres niños y dos niñas). Dios había desplegado Su plan maestro para la vida de Ana, Samuel y el resto de la familia, pero era necesario confiar en los tiempos de angustia. Es claro que al Señor no le molesta la esterilidad tanto como a nosotros. Él usó la fe de Ana para objetivos que ella no podía imaginar. El corazón de esta mujer valiente se llenó de la fidelidad propia y también la de Dios. Ana sabía que el Señor jamás la había olvidado.

## UNA ORACIÓN

Señor, permíteme tener fe como la de Ana. Ayúdame a ver que no me has abandonado. Déjame acercarme a ti con honestidad y con la esperanza de que podré avanzar y tener grandes experiencias contigo. Por favor, en mi espera, otórgame la fe y permite que mis oraciones tengan un propósito mayor al que puedo imaginar. Amén.

# 5

# MARÍA DE BETANIA

## UNA LÍDER VULNERABLE QUE ELIGIÓ LA INTIMIDAD

KRISTY GARZA ROBINSON

Mi abuela barría el polvo acumulado en el pórtico, lavaba la ropa a mano y preparaba el desayuno para la multitud de gente hospedada en su modesto hogar en Treviño, un pueblito polvoriento en México, todo antes del amanecer. Hacia el alba, yo la observaba saludar a sus hermanos que la visitaban para tomar un cafecito con ella antes del trabajo. Mi abuela no descansaba hasta la noche y al siguiente día repetía su rutina otra vez. Mi madre trabajó durante toda mi niñez. Ella también se despertaba antes del amanecer, se preparaba, nos alistaba y salíamos a tomar el bus. Cada mañana yo tenía un desayuno caliente y todas las noches había una cena hecha en casa. Mientras ella preparaba la cena, yo notaba su agotamiento. No obstante, ella no descansaba hasta que nos bañáramos, dijéramos nuestras oraciones y nos acostáramos a dormir. Así adquirí el modelo de una mujer latina trabajadora. Era nuestro deber luchar contra la ociosidad a como diera lugar. Si solías no arreglar la cama en la mañana o dormir hasta tarde, entonces eras vista como una «mujer débil» o peor.

De modo que, en la historia de María y Marta en Lucas 10, Marta hubiera sido la santa patrona de las latinas. Al inicio de mi ministerio, fui la líder de un estudio bíblico con jóvenes latinas universitarias.

Cuando leímos la historia de Lucas 10, una estudiante de primer año exclamó: «¡Ay! ¡María es tan perezosa! No hace nada, mientras que a Marta le toca todo el trabajo. ¡Puedo imaginármela ahí no más sentada sin trabajar!». Todos rieron, en acuerdo con aquella opinión. Dentro de la cultura latina, que una mujer permaneciera sentada a los pies de Jesús sería un pecado cultural terrible.

Entonces, ¿quién era María de Betania y cuál es su relevancia para nosotras como líderes latinas? Yo opino que ella puede enseñarnos mucho. Los Evangelios nos revelan ciertos detalles sobre ella y nos regalan una versión ligeramente distinta sobre esta mujer hermosa y vulnerable a quien Jesús amaba. Aquellas latinas que somos como Marta podemos recibir un obsequio único de María.

## ESCOGER LO MEJOR

En Lucas 10 se nos presenta a María. Jesús se encontraba de visita en la casa de Marta, que estaba ocupada en atender y servir al Mesías. Ella estaba afanada, pero su hermana María se había sentado a los pies de Jesús. Entonces Marta le pidió al Señor que hiciera que su hermana la ayude, pues todo el trabajo le había tocado. La costumbre en los tiempos antiguos era que las mujeres tenían la responsabilidad de servir a los invitados. María no solo estaba importunando a su hermana, sino también ignorando su deber social dentro de su cultura. Además, no era solo eso: María se había sentado a los pies de Jesús, lo cual estaba reservado para los hombres, que, por lo general, eran los únicos que podían aprender de un rabino.[1] Sin embargo, a ella no le importó, pues amaba a Jesús y deseaba estar a Su lado, sin importar qué se esperaba de ella o a quién le molestara.

Jesús aprueba la decisión de María cuando corrige a su hermana: «Marta, Marta, tú estás preocupada y molesta por tantas cosas; pero una sola cosa es necesaria, y María ha escogido la parte buena, la cual no le será quitada» (Luc. 10:41-42, LBLA). En este versículo, Jesús afirma que estar en Su presencia es lo mejor. También nosotras podemos sentarnos a Sus pies, sin importar las barreras sociales ni las críticas que pretendan impedírnoslo. Las mujeres también debemos ser discípulas de Jesús. La primera enseñanza de María es esta: somos bienvenidas a permanecer en Cristo, nuestro amado Salvador.

En la cultura mexicana-estadounidense, conocemos a una persona a profundidad por medio de lo que Virgilio Elizondo llama: «El rasgo nativo americano de la comunicación indirecta».[2] Aunque Elizondo lo considera una molestia ocasional, me parece que este rasgo es una hermosa realidad. Adquirir una intimidad genuina en una relación lleva tiempo. Esta profundidad que desarrollamos con el tiempo enriquece nuestras relaciones y les otorga matices variados. La principal forma en que nos llegamos a conocer no es confesando nuestros gustos y aversiones, pasiones y anhelos, crímenes e inseguridades. En realidad, nos conocemos al pasar tiempo juntos, donde aprendemos cómo un leve movimiento de la cabeza o una particular inflexión de la voz revelan antipatía o deleite.

Esto también aplica a nuestra relación con Dios. Es necesario que dediquemos tiempo a reconocer las variaciones de Su voz en nuestra vida. Debemos discernir sus pensamientos a través de los cambios de nuestra alma, que está conectada con el Espíritu Santo. Existen varias disciplinas espirituales que nos pueden asistir en esto. Sin embargo, la intimidad básicamente es crecer en nuestra relación con Dios desde nuestra identidad como latinas.

## LA AFLICCIÓN COMO INTIMIDAD

La primera vez que vemos a María de Betania ella está aprendiendo a los pies de Jesús. No obstante, la siguiente vez que los Evangelios la mencionan, María está afligida y llora la muerte de su hermano Lázaro (Juan 11). María y Marta habían mandado a decirle a Jesús que su hermano estaba enfermo. Puesto que Jesús también amaba a Lázaro, ellas sabían que podría sanarlo si llegaba a tiempo. Sin embargo, la Biblia afirma que Jesús no fue de inmediato, sino que permaneció donde estaba dos días más. Al llegar a Betania, descubrió que Lázaro había estado muerto ya cuatro días.

Cuando las dos hermanas escucharon que Jesús estaba en camino, Marta salió a Su encuentro, pero María se quedó en la casa. Aunque la Escritura no lo incluye, quizás María sintió que Jesús había llegado cuatro días tarde y se sintió herida o abandonada por el Sanador. No obstante, cuando finalmente fue donde Él, María cayó a Sus pies y lloró. Luego exclamó: «Señor, si hubieras estado aquí, mi hermano no habría muerto» (Juan 11:32). Podemos sentir el dolor en las palabras de María, pero es asombroso que su comportamiento fuera el mismo que en Lucas 10: ella cayó a los pies de Jesús, pero esta vez estaba afligida.

Un estudio sobre latinos y el luto descubrió que para muchas latinas expresar su dolor en público tras la muerte de un ser querido es apropiado y lo que se espera de ellas.[3] Ver a mi familia experimentar el luto y la muerte me ha ayudado a entender que expresar la pena es algo común en nuestra cultura y creencias, especialmente en el caso de las mujeres. Cuando mi abuelo falleció, era apropiado que mi abuela expresara su aflicción abiertamente y que su familia la apoyara. El funeral se llevó a cabo en San Javier, un pueblito rural en México. El cuerpo lo velaron en la casa un día con su noche. Hubo lágrimas, pan dulce, cafecito y muchas anécdotas. Mi familia expresó su dolor mientras compartían alimentos y recordaban el alma del hombre cuyo cuerpo pronto descansaría.

Como mujer latina, al leer esta historia apruebo la perspectiva y el comportamiento de María; me parecen apropiados y correctos dadas las circunstancias. Esta parece ser una de las fortalezas de nuestra cultura. Nosotros hemos comprendido que la aflicción y la pena vienen conjuntamente con el gozo y el festejo, pues no son mutuamente excluyentes. Esta habilidad para mostrar la tristeza no debe concebirse como una debilidad, sino como una muestra de nuestra fuerza. Una mujer española me dijo una vez: «Ser sensibles es más difícil que ser apáticos. Es fácil ir por la vida indiferentes a las experiencias dolorosas. Requiere más valentía sentir la pena nuestra y la de los demás».

María nos enseña que podemos ir a Cristo con nuestra aflicción. Aunque nuestra cultura acepta tal comportamiento, eso no significa que todas nosotras sabemos cómo llevar nuestra pena al Señor. María lloró en público por su hermano y también fue a los pies de Cristo a entregarle todo su dolor. Estoy segura de que ella pensó que Jesús la había decepcionado. Ella estaba convencida de que Él hubiera podido salvar a Lázaro de haber llegado antes. Sin embargo, la decepción no alejó a María de Betania de Jesús, sino que la llevó una vez más a caer a Sus pies.

Ella se lamentó así: «Señor, si hubieras estado aquí, mi hermano no habría muerto». El Hijo de Dios quedó tan conmovido por su aflicción que lloró con ella. Ese fue un momento de gran intimidad; Jesús participó del dolor de María y de todos los que amaban a Lázaro. Cristo no la regañó, sino que aceptó su dolor y le ofreció Sus propias lágrimas.

La historia continúa y Jesús resucita a Lázaro. No obstante, eso no impidió que llorara con María. Notemos que Jesús no le dio ánimos ni le dijo que volvería a ver a su hermano, sino que lloró y se lamentó junto a ella. Cuando enfrentamos un dolor profundo cargado de preguntas agudas, ¿sabemos cómo entregárselo todo a Cristo? ¿Creemos que Él no nos rechazará, sino que nos ayudará a sobrellevar el dolor como lo haría un amigo? María conocía a Jesús como Emanuel, Dios con nosotros.

Como líderes latinas, nuestras emociones y nuestro luto no son lastres, sino dones que ofrecerle a un mundo que agoniza. Jesús nos acompaña en la aflicción y, así como hizo con María, Él llora con nosotras.

## UNA OFRENDA

La última vez que sabemos de María de Betania es en Juan 12, seis días antes de la Pascua judía y una semana antes de la crucifixión de Jesús. Él se dirigía a Jerusalén para morir, pero antes se hospedó en la casa de sus queridos amigos Marta, María y Lázaro. Mientras los discípulos cenaban a la mesa, María entró con una jarra de perfume caro, que valía el sueldo de un año. Una vez más, ella toma su lugar a los pies de su amado Salvador. En esta ocasión, María derramó el perfume sobre los pies de Jesús y los secó con su cabello.

Este momento es profundamente personal y significativo. La ofrenda de María era tan excesiva, que Judas Iscariote la regañó por aquel derroche. No obstante, Jesús le responde a Judas y explica que María le está haciendo un regalo: una unción con perfume para Su sepultura. Así como Cristo había compartido el dolor de María antes, ahora ella lo apoyaba en el sufrimiento que vendría.

Esta escena de María de Betania me recuerda la historia de una mujer llamada Myrna. Ella era una inmigrante indocumentada mexicana-estadounidense y nos compartió a un grupo de mujeres líderes evangélicas su viaje a Estados Unidos. Myrna lloró al referirnos cómo tuvo que separarse de sus dos niñas tras ser deportada. Nos relató los abusos que soportó en el centro de detención donde la retuvieron y los años de abatimiento que experimentó en México, donde perdió la esperanza de volver a estar con sus hijas. En repetidas ocasiones, ella recalcó lo mucho que clamaba a Dios durante esa época. El silencio del Señor la hería y le provocaba una gran tristeza. La audiencia permaneció en silencio toda la charla. Muchas de nosotras que somos madres, lloramos con ella. La aflicción que Myrna reveló era atroz; nosotras solo podíamos llorar con ella en aquel espacio de intimidad.

En un punto de su historia, Myrna fue a un ministerio que ofrecía refugio a madres separadas de sus hijos por causa de la deportación. Cuando llegó al local, los empleados le llevaron una taza de té caliente y le lavaron los pies. Después, confesaron: «Hacemos esto por todas las madres que vienen con el corazón roto».

Myrna se sintió tan bien ante aquella hospitalidad, que se quedó con ellos por un tiempo. Durante ese periodo, ella también les ofrecía a las madres que llegaban una taza de té caliente y un lavado de pies. En medio de su propio dolor y confusión con Dios, Myrna se arrodilló y experimentó el dolor de las madres que iban a aquel lugar. En su propia manera, ella también derramó un perfume caro en los pies sangrantes y doloridos de aquellas madres afligidas. Aun con el alma en pedazos, Myrna se mostró generosa y solidaria con aquellas mujeres.

Mateo 25 afirma que lo que hagamos a nuestros hermanos, también se lo hacemos a Jesús. Cuando pienso en Myrna, arrodillada y lavando los pies de aquellas madres, no puedo evitar recordar a María, que derramó perfume en los pies de Jesús como muestra de solidaridad por los sufrimientos que vendrían.

La enseñanza de María de Betania es clara: como líderes latinas, debemos ir con un corazón vulnerable a ofrecer lo mejor que tenemos ante Jesús. Depositemos en Él nuestro sufrimiento, pues Él también padeció y conoce la aflicción. Al hacer esto, estamos permitiendo que el Mesías tenga acceso a la totalidad de nuestra vida. Seguir el ejemplo de María implica entregar quienes somos con generosidad, incluso en detrimento nuestro. Ella no escatimó nada y tampoco nosotras debemos hacerlo, pues llevamos en el corazón la misma necesidad de una amistad íntima con Cristo.

## MI NECESIDAD POR MARÍA DE BETANIA

Puesto que crecí rodeada de mujeres latinas trabajadoras y fuertes, adopté esas características al crecer. Yo rechazaba la idea del «cuidado propio»; para mí no era más que un lujo de los privilegiados. Después de todo, yo era una ministra latina preparada, descendiente de mujeres fuertes y perseverantes. Estos valores eran buenos e importantes en mi cultura. Sin embargo, yo veía el servicio y el esfuerzo como características esenciales, pero ignoraba el cuidado del alma como seguidora de Cristo. Yo había adoptado el ejemplo de Marta e ignorado el de María en mi vida espiritual. También consideraba mi trabajo con estudiantes latinos un empeño de justicia y defensa en una comunidad marginada de Estados Unidos. Todo el tiempo me esforzaba, mientras mi espíritu y mis sentimientos quedaban relegados.

Finalmente toqué fondo; no podía dormir, ni concentrarme en leer o escribir y olvidaba los nombres de las personas y los lugares que amaba. Sentía como si mi cerebro estuviera sumergido en agua y eso me estremecía. Como alguien que valoraba el trabajo y el éxito, me aterraba sentirme incapacitada. ¿Quién era yo si no trabajaba para el Señor?

Así descubrí que había hecho del ministerio un ídolo. Yo no sabía cómo descansar, nutrir mi alma y cuidar de mi corazón. Me sentía como la pastora de otras personas, pero había soslayado mi relación con el gran Pastor. Me parece que las latinas hemos visto tantas generaciones de mujeres que perseveraron en las dificultades, que ahora solemos sobrevivir más que prosperar. En esa época dolorosa de mi vida, Dios me mostró que todavía no había aprendido a vivir en Él. Tampoco me había percatado de la relevancia de María de Betania, quien traspasó barreras culturales para sentarse a los pies de Cristo. Su historia me mostró lo que es vivir en intimidad con quien amo más que a nadie.

En su libro *Deepening the Soul for Justice* [Preparar el alma para la justicia], Bethany Hoang afirma: «Cuando procuramos la justicia sin antes (y también durante todo el proceso) buscar al Dios de justicia, entonces tendremos pasión sin fundamento, que no puede prevalecer. El agotamiento será inevitable».[4] Esto me sucedió a mí y supe que había tocado fondo. Comprobé que el ministerio había devorado mi carácter y que debía volver a los pies de Jesús.

En los meses y los años que siguieron, tuve que aprender a descansar. Me tomaba un sábat semanal y un día al mes me dedicaba por completo a orar y a permanecer en intimidad con Jesús. Tuve que aprender el valor de la soledad y el silencio, disciplinas que me permitieron tener la intimidad necesaria para escuchar a Dios. Aunque Él nunca estuvo lejos, yo había perdido la capacidad de reconocer Su voz. Descansé del ministerio y puse en práctica estas disciplinas espirituales. Después de unos meses, logré sanar.

El descanso y el silencio fueron un refugio durante esa época; estas prácticas me permitieron adquirir la restauración necesaria para continuar el ministerio. No obstante, recuperarme del cansancio ministerial no fue lo único que aprendí de María de Betania; también me enseñó a permanecer a los pies de Jesús porque lo amo. Todo esto me recordó que mi alma necesitaba estar con Él no por lo que yo pudiera obtener, sino porque Jesús es el amor de mi vida. Ese liderazgo me lo ha enseñado mi hermana María de Betania.

## DE LA HISTORIA DE MARÍA A LA TUYA

Las líderes latinas no deberíamos ver a María de Betania como una mujer dulce y tímida a la que admirar, sino como una líder cuyo ejemplo de perseverancia en el Salvador debemos seguir. Ella eligió lo mejor en cada ocasión, incluso en medio de la aflicción y frente a las críticas. Ella no escuchó las quejas de los demás, pues solo deseaba estar con Jesús. A Dios le interesa más nuestro progreso como personas que nuestras acciones en el ministerio.

Mi anhelo es que seamos mujeres del Señor, que se han sentado en Su presencia y abrazado Su Espíritu. Seamos latinas que atesoren el ejemplo de Marta y de María y que perciban qué nos enseña cada una de ellas sobre seguir a Jesús. También seamos líderes que descansen y permanezcan en nuestra fuente de vida mientras avanzamos en un mundo obsesionado con el éxito. El mundo necesita mujeres como María que nos muestren el camino.

# 6

# RAJAB
## LIBERADORA ATREVIDA, ALIADA Y FIEL

NOEMÍ VEGA QUIÑONES

Mientras crecía en México, con frecuencia me decían: «No seas atrevida». Es decir: «No seas tan audaz, insolente o intrépida, Noemí». La palabra *atrevida* engloba esos tres atributos: audaz, insolente e intrépida. Sin embargo, yo no conocía el significado de esas palabras. Yo solo sabía que me encantaba hacer sentir bienvenidas a las personas. A veces, mi intrepidez se podía percibir cuando me acercaba a algún niño en el parque y le preguntaba si quería jugar conmigo. «Noemí, no seas atrevida. ¡Son desconocidos!». En otras ocasiones, cuando veía un suéter o un juguete que algún niño había abandonado, yo lo tomaba y procuraba llevárselos a su casa. «No seas atrevida, Noemí, no toques cosas ajenas».

Mi actitud atrevida surgió a temprana edad. Me han dicho que, cuando tenía dos años, me sentaba en la vereda frente a la casa de mi abuelita temprano en la mañana para saludar a los niños rumbo a la escuela. Una vez invité a todos mis compañeros de segundo grado a mi fiesta de cumpleaños. Mi familia y yo solo habíamos vivido dos años en Estados Unidos y no conocíamos bien las normas culturales. Yo había invitado a niñas *y niños*. ¡Qué atrevida! Me pregunto si las niñas escuchan «No seas atrevida» más que los niños. Cuando las chicas exhiben liderazgo y confianza, las tachan de atrevidas.

¿Escuchaste esa frase al crecer? ¿Te dijeron alguna vez: «Actúa como una señorita», «No causes alboroto» o «No actúes como un niño», solo porque mostrabas liderazgo? Esta caracterización puede afectar nuestra intención de ser líderes y puede impedirnos ver esa fuerza dentro nuestro. Me ha tomado años aceptar mi estilo de liderazgo: una atrevida del Señor, una líder valiente que hará lo que sea necesario para exaltarlo y traer sanidad a mi comunidad. Por mucho tiempo procuré no causar problemas ni ser vista como una líder intrépida. ¿Alguna vez has sentido que debes esconder tu valentía y tu liderazgo para calzar en lo establecido? Aunque no te identifiques con ser una líder intrépida, Dios a veces nos llama a tomar pasos de fe que requieren valentía e implican riesgos.

Rajab era una atrevida. Su historia se incluye en Josué 3 y 6, Mateo 1, Hebreos 11 y Santiago 2. La llamaban «la prostituta», pues su profesión precedía su carácter. Incluso después de que ella aceptara seguir al Señor y las costumbres de Su pueblo, los autores de la Biblia se refieren a ella por su profesión. Quizás lo hacían para resaltar el cambio tan radical de Rajab. Sin embargo, según vemos en la Biblia, algo que nunca cambió en ella fue su carácter atrevido. Rajab persistió en la fe, se casó con alguien de otra cultura y procuró la liberación de su familia además de la suya.

Rajab fue una víctima de la industria del sexo en su tierra y una heroína del pueblo israelita. Ella le fue infiel a su pueblo, pero leal a Yahveh. Rajab fue exaltada por su fe en Dios y por cambiar su vida, pero quedó perpetuamente identificada como prostituta. ¿Qué podemos concluir sobre su identidad compleja, en especial en relación al liderazgo? El liderazgo de Rajab tiene cuatro facetas complejas que el texto resalta de manera subversiva. Ella es atrevida en su propuesta; promete lealtad a Yahveh y va en contra de su nación; y finalmente ejerce y solicita *kjésed* (en el sentido de favor continuo de Dios) para obtener liberación personal y sistémica, para ella *y* para los demás.

Podemos pensar lo que deseemos sobre Rajab, pero es innegable que era atrevida e intrépida. En su historia, esa característica era conveniente tanto para su familia como para Israel.

## LA HISTORIA DE RAJAB

Su historia se relata principalmente en Josué 2 y 6:15-25. El Libro de Josué narra el proceso del pueblo de Israel de encontrar su identidad tras escapar de Egipto. Los israelitas buscaban una tierra a la que llamar hogar, la tierra prometida del Señor, donde manaba leche y miel. Este libro refiere la adquisición imperfecta de estas tierras. Los estudiosos del tema resaltan las historias de conquista, violencia y colonización dentro y fuera de Israel. Sobresalen muchas culturas violentas en el antiguo Cercano Oriente, un mundo de crueldad donde la nación de Israel luchaba por mantenerse fiel al Señor. El nombre y el temor de Dios se diseminaba por esas tierras tras conocerse que Él había rescatado a Su pueblo de Egipto. Puesto que Dios había mostrado lealtad a Su pacto con Israel *(kjésed)* al sacarlos de Egipto, se esperaba que ellos mostraran la misma fidelidad. No obstante, la relación entre el Señor e Israel era imperfecta y la adquisición de las tierras se tornó violenta.

Mientras los israelitas deliberaban y oraban sobre cómo conquistar aquellas tierras, había una mujer que deseaba un cambio desesperadamente. Rajab era una prostituta de renombre en Jericó. Le iba tan bien que pudo pagar una casa por las murallas de la ciudad. Su nombre puede haber sido un juego de palabras sexual, pues significa *ancha*. En el antiguo Cercano Oriente se esperaba que las mujeres se casaran y tuvieran hijos. Sin embargo, Rajab no había hecho estas cosas según la Escritura. La prostitución no era ilegal en Canaán e Israel, pero se la consideraba impura y vulgar. Así como sucede en la actualidad, ciertas condiciones de vida como la pobreza, la explotación sexual o la desesperación podían suscitar la adopción de este empleo. Rajab era una atrevida, un caso aparte en su comunidad. Sin importar las razones que tuvo para adoptar su profesión, ella estaba lista para abandonarla cuando se presentara la oportunidad.

Dicha oportunidad se materializó en la forma de dos jóvenes espías. En lugar de examinar el terreno, ellos entraron a la casa de Rajab. Fueran sus motivos la recolección de información o alguna perversidad, Rajab reconoció su oportunidad de librarse a ella *y a su familia* de la amenaza israelí inminente. Ella les propuso a los jóvenes un pacto: los protegería *si* ellos prometían cuidarla a ella y a su familia. Su breve discurso teológico en Josué 2:9-13 exhibía una retórica aguda:

> Yo sé que el Señor les ha dado esta tierra, y por eso estamos aterrorizados; todos los habitantes del país están muertos de miedo ante ustedes. Tenemos noticias de cómo el Señor secó las aguas del Mar Rojo para que ustedes pasaran, después de haber salido de Egipto. También hemos oído cómo destruyeron completamente a los reyes amorreos, Sijón y Og, al este del Jordán. Por eso estamos todos tan amedrentados y descorazonados frente a ustedes. Yo sé que el Señor y Dios es Dios de dioses tanto en el cielo como en la tierra. Por lo tanto, les pido ahora mismo que juren en el nombre del Señor que serán bondadosos con mi familia, como yo lo he sido con ustedes. Quiero que me den como garantía una señal de que perdonarán la vida de mis padres, de mis hermanos y de todos los que viven con ellos. ¡Juren que nos salvarán de la muerte!

¿Reconoces en ella a una mujer asustada, pero que ejerce su influencia? Ella mostró su conocimiento teológico del poder de Dios y utilizó su juicio práctico para determinar lo que aquellos espías podrían hacerle a ella y a su comunidad. Luego, con base en eso, formuló el pacto. Podemos notar la intrepidez de Rajab en cómo afirmó su lealtad a Dios y en cómo articuló su pacto.

Sin embargo, aún más impactante que su pacto con los espías es su declaración de lealtad al Señor de los israelitas por encima de su propia nación: «Yo sé que el Señor y Dios es Dios de dioses tanto en el cielo como en la tierra». Rajab esencialmente estaba yendo en contra de su país. Reconocer la supremacía de Dios era una declaración teológica que resaltaba la agudeza atrevida de Rajab. Así, de entre todos los dioses que ella había conocido en su cultura, el Dios israelita era distinto. Ella entendía la diferencia, lo cual se demuestra en cómo recurrió al nombre y al favor o la bondad del Señor: «Por lo tanto, les pido ahora mismo que juren en el nombre del Señor que serán *bondadosos* con mi familia, como yo lo he sido con ustedes» (Jos. 2:12). La palabra *bondad* es el equivalente del vocablo hebreo *kjésed*, término que se utiliza para denotar la gracia de Dios para Su pueblo.[1]

La palabra *kjésed* expresa el compromiso y la perpetua relación de Dios con Su pueblo.

El legado de Rajab incluye no solo su liberación, sino también la de sus padres, hermanos y parientes. Además, su condición de extranjera en Israel alteraba las nociones de pureza étnica que pudieran existir allí. Su fe en el Dios de Israel la hizo parte del pueblo del Señor por el resto de sus días. La fe de Rajab en el Dios de dioses tanto en el cielo como en la tierra es exaltada en Hebreos 11 y Santiago 2. En Mateo 1 se la honra al incluirla en la genealogía de Jesús. Aquellos que atendemos al ejemplo de Rajab recibimos fuerzas de su liderazgo atrevido.

## RAJAB EN EL CONTEXTO LATINO

En Estados Unidos, con frecuencia se trata a las mujeres latinas como si fueran Rajab. Aunque la mayoría de nosotras no ejercemos su profesión original, se suele comercializar un ideal cosificado de nuestro cuerpo por placer. Es posible que Hollywood esté tomando medidas para erradicar estos estereotipos, pero la mayoría de papeles de actuación que obtienen las latinas están sexualizados. Por ejemplo, tenemos a Sofía Vergara, una actriz colombiana-estadounidense que representa a Gloria Delgado-Pritchett en la serie de televisión *Modern Family* [Familia moderna]. En mi opinión, Sofía es una latina inteligente e influyente en nuestra comunidad. No obstante, los chistes de Gloria suelen estar relacionados con su acento o su cosmovisión supersticiosa (o de naturaleza indígena). Si una joven latina ve la serie, podría notar los chistes a costa del acento de Gloria y concluir que esa característica puede ser ridiculizada. También notará las supersticiones de Gloria y sus extraños métodos de crianza, los cuales podría llegar a considerar buenos o malos en dependencia de cuánto crédito les otorgue. En fin, la serie se burla con frecuencia de estos aspectos, de modo que la audiencia poco a poco concluye que tales creencias y prácticas son inferiores a la perspectiva pragmática de los Pritchetts. Por último, el vestuario de Gloria, en comparación con el de las demás mujeres en la serie, es más sensual y apretado, lo cual ayuda a perpetuar la sexualización de su personaje. (Yo no estoy criticando su elección de ropa, sino solo haciendo una comparación entre su vestuario y el de los demás personajes). ¿Qué pasaría si Gloria fuera más como Sofía Vergara, quien durante mucho tiempo fue madre soltera y hoy es una brillante e intrépida empresaria? Junto a Luis Balaguer, ella es cofundadora de la firma Latin World Entertainment [Entretenimiento mundo latino], la cual se ha convertido en un imperio multimillonario.

Los medios latinos no son muy diferentes; con frecuencia añaden el colorismo a la cosificación del cuerpo latino. Para comprobarlo solo vasta sintonizar un noticiero o un programa de entrevistas de la mañana y notar los presentadores y los actores que aparecen. ¿Dónde han quedado los hermanos y hermanas de color oscuro? Al confrontar las representaciones que nos llegan por varios medios a diario, ¿por qué nos sorprende que las mujeres latinas tengan dificultades para avanzar en nuestro país? Se nos representa en exceso en la industria de la explotación sexual y de manera insuficiente en contextos educativos. Como en el caso de Rajab, se desean nuestros cuerpos y se evita nuestra presencia.

Las mujeres latinas en Estados Unidos se asemejan a Rajab también en otros aspectos. Hemos aprendido a sobrevivir en contextos no diseñados con nosotras en mente. Las latinas estamos abogando por roles que no se enfoquen en la sexualidad ni en estereotipos de acentos. El caso opuesto a Gloria de *Modern Family* es America Ferrara, una actriz hondureña que representa a Amy Dubanowski, un personaje latino de la serie *Superstore* [Hipermercado]. El personaje que America representa no utiliza ropa ajustada y es la subdirectora de la tienda Cloud 9. ¿Hay ejemplos en tu familia de personas que sobrevivieron en contextos no diseñados con ellas en mente?

Mi madre tuvo la oportunidad de mudarse a Estados Unidos y lo hizo sola y con tres hijos menores de cinco años para que pudiéramos sobrevivir. Conozco mujeres latinas cuyos esposos las abandonaron y ellas han tomado varios empleos para sostener a sus hijos y poder sobrevivir. Las mujeres como Rajab saben sobrevivir y lo hacen no solo por ellas mismas, sino también por el bienestar de sus familias. Las latinas en Estados Unidos tienen un legado de ser atrevidas por la causa. Un gran número de latinas han allanado el camino para nuestra supervivencia. Entre ellas están Sandra Cisneros, novelista mexicana-estadounidense; Dolores Huerta, activista por los derechos de los granjeros nacida en Nuevo México; Rigoberta Menchú, política guatemalteca y defensora de los derechos humanos; y Sonia Sotomayor, jueza asociada en la Corte Suprema de Estados Unidos.

## CARACTERÍSTICAS DEL LIDERAZGO DE RAJAB

Nadie esperaba que Rajab fuera la líder que conocemos. Ella fue una mujer explotada y marginada, pero de gran inteligencia. Rajab fue atrevida, prometió fidelidad a Dios por encima de su país, aplicó *kjésed* (lealtad al pacto) con las personas y procuró una liberación absoluta.

Primero, Rajab fue atrevida en el liderazgo. Ser atrevida suele entenderse como algo negativo. Sin embargo, espero que lo veamos como un recurso. Si *atrevida* significa ser audaz e intrépida, entonces Rajab hizo bien en ser atrevida. Su pacto temerario con los espías resultó en que ella y su familia obtuvieran salvación física. Su atrevida declaración de lealtad a Dios, que iba en contra de su pueblo, provocó su salvación espiritual.

Si te han llamado atrevida por expresarte, por solicitar un empleo o por exhibir características de líder, descansa en paz, pues el Señor puede utilizar tu actitud para Sus propósitos. A veces no queremos ejercer el liderazgo por miedo a que nos llamen autoritarias o a que afirmen que guiamos «como un hombre». No obstante, este miedo es insignificante frente a la posibilidad de no explotar a cabalidad los dones, los recursos y las cualidades que nos ha dado el Señor. Mi intrepidez y mi actitud atrevida surgen de mi deseo de servir a Aquel que me ha sido fiel en el pasado, el presente y el porvenir. Un liderazgo cuyo fundamento no es Dios es deficiente y puede resultar en el sometimiento a las presiones sociales o el retorno al *statu quo*. Un liderazgo en asociación con Dios es liberador y estimulante. Rajab es un ejemplo de ello.

Si no te identificas con el liderazgo audaz o si te consideras una líder tímida, introvertida o indirecta, no eres la única; muchas de nosotras calzamos en esa descripción. Por ejemplo, yo me considero introvertida; es decir, recupero mis energías cuando estoy a solas y en tranquilidad. Soy poco extrovertida. Por lo general se cree que el liderazgo requiere extroversión y energía, pero existen líderes de todos tipos. Muchos líderes son introvertidos y audaces. No me parece que Rajab fuera atrevida todo el tiempo, pero hay ciertas ocasiones que requieren un poco de intrepidez extra. Si eres una latina introvertida como yo, quizás tu liderazgo implique hacer preguntas, influenciar de manera indirecta a las personas que te rodean, hacer sugerencias o persistir en tus interrogantes hasta que sean resueltas. Es posible que no hagas estas cosas de manera extrovertida y llamativa, pero las harás con tu propia voz, a tu manera.

Las latinas más introvertidas pueden ejercer su audacia en la escritura, la defensa social, el arte o sus relaciones cercanas. Yo he visto latinas extrovertidas que pueden impresionar a grandes audiencias y también he visto latinas introvertidas, capaces de mover montañas con sus estrategias. No conocemos la personalidad de Rajab a cabalidad. Esto es beneficioso mientras consideramos el desarrollo de nuestro liderazgo. El Señor puede usarte para el liderazgo tal cual eres: introvertida o extrovertida, tímida o atrevida, directa o indirecta.

Segundo, Rajab prometió lealtad al Señor en un acto que desafiaba a su propia nación. Las mujeres latinas somos muy diversas en nuestros países de origen. Para algunas, la frontera nos cruzó; para otras, nosotras cruzamos la frontera. Estados Unidos es dueño de algunos de nuestros países y en ocasiones ha financiado sus guerras civiles. Algunas de nosotras tenemos fuertes lazos con nuestro país de origen, mientras que otras no. Algunas tenemos lealtad por Estados Unidos y otras están en conflicto por cómo algunos políticos se han referido a nuestra comunidad abiertamente o en mensajes políticos subrepticios. Quizás muchas latinas se identifiquen con la situación de Rajab al prometer lealtad a Dios por encima de su país de origen. Si bien no deseamos ser irrespetuosas en nuestra relación con Estados Unidos, tampoco tenemos por qué aceptar todo lo que nuestro país diga y ejecute. Todas aquellas que vivimos en Estados Unidos en estos tiempos nos preguntamos qué significa ser fieles a la nación.

Los seguidores de Jesús debemos considerar lo que implica aliarnos a Cristo por encima de nuestras naciones y en contra de ciertas tendencias estatales. La Biblia no detalla qué sentía Rajab por su país. Quizás le molestó abandonar Jericó para vivir en el campamento israelita; o quizás estaba feliz de empezar una nueva vida con su familia. De cualquier modo, el texto es claro en algo: Rajab declaró su lealtad al Dios de Israel. La actitud de ella no dejaba dudas sobre la honestidad de su pacto. Entonces dejó su vida en las manos de los espías, que juraron acatar el pacto. El liderazgo de Rajab estaba fundamentado en su lealtad a Yahveh.

¿Qué pasaría si fuéramos líderes fieles a Jesús por encima de nuestras naciones? Yo alguna vez estuve indocumentada y este tema es personal para mí, pues amo tanto a México como a Estados Unidos. A fin de cuentas, mi esperanza no está puesta en los políticos ni en los discursos de ninguna nación, sino en Dios y en Su pueblo del pacto. Sin embargo, no ignoro la importancia de tener influencia política y las ventajas que esto conlleva. Las ramas ejecutivas, legislativas y judiciales de nuestro gobierno nos afectan a diario. Ellas determinan quién es blanco, quiénes son ciudadanos y a quiénes se debe proteger. Es crucial que conozcamos la vida política, la condición y el impacto de nuestra comunidad, tal como Rajab lo hacía. Así como ella, yo procuro ser una aliada del Señor. Esto no excluye que yo participe en la política y la sociedad de un país que ahora es mi hogar. Recuerdo que cuando mi familia y yo nos mudamos a Estados Unidos, la iglesia local nos dio su apoyo al actuar como si fueran nuestra propia familia. El Ejército de Salvación nos hizo regalos de Navidad y el programa de almuerzo estudiantil, promulgado por el presidente Truman en 1946, fue de gran bendición para mis hermanos, mis amigos y para mí. Necesitamos líderes eclesiásticos y políticos que se interesen por los hambrientos, los pobres y los marginados. Las personas de la iglesia donde crecí se convirtieron en mi familia; juntos defendimos los programas que buscaban beneficiar a los pobres, las viudas, las personas sin hogar, los huérfanos y los viajeros.

Eventualmente, Rajab se convirtió en una miembro activa de la sociedad israelita. De no ser así, ella no hubiera aparecido en la genealogía de Jesús ni su fe hubiera sido exaltada en Hebreos. Prometer lealtad a Dios implica vivir a diario como Él nos instruye, encarnar la vida de pactos de Su pueblo. Los cristianos sabemos cómo es el reino de Dios gracias a las imágenes, las metáforas, las historias y los poemas de la Escritura, donde se revela la fidelidad del Señor. Hemos sido diseñados para vivir en comunidades sanas y empáticas donde se vive correctamente y en justica con el prójimo y con Dios. Cuando un buen líder percibe un desvío de este ideal, expone la injusticia y orienta a las personas de vuelta al camino correcto. ¿Cómo podemos llamarnos agentes de justicia y de cambio si no seguimos a quien puede transformarlo todo con justicia?

Antes de saber qué es la justicia, debemos conocer al que es en verdad justo.

Para mí, el término *kjésed* denota el carácter justo de Dios.[2] Esto implica lealtad al pacto. Es decir, sin importar cuántas veces violemos dicho pacto, el Señor siempre cumple Su parte. Aunque Israel le falló a Dios e infringió Sus mandamientos e instrucciones, Él redimió a la nación y les entregó al Mesías prometido, a Jesucristo, el Hijo de Dios, el Ungido. Rajab exhibió *kjésed* en su liderazgo, una característica que Dios estima. La traducción literal de ese término es «bondad amorosa». Cada vez que se menciona esta propiedad de Dios, se hace en un contexto donde Él es fiel a Su pueblo y Sus promesas: lealtad al pacto. ¿Qué pasaría si cada líder exhibiera una ética similar? ¿Qué pasaría si todo líder, desde la niña en el parque que recluta a otros niños para jugar con ella hasta el director ejecutivo de una gran empresa exhibieran una bondad amorosa y fueran fieles a sus promesas?

Rajab consigue liberación personal, espiritual y sistémica en Josué 2. Su liderazgo no era egoísta; los resultados incluían a su familia y a su comunidad próxima. En un principio, ella hace el pacto con los espías y pide seguridad para ella y su familia. La presencia de Rajab como extranjera en el campamento israelita interrumpió la intención sistémica de ser una comunidad étnicamente pura. El plan original de Dios era que nos fructificáramos y nos multiplicáramos en la tierra (leer Gén. 1, 2 y 11) y que todos los pueblos fueran bendecidos por medio de Israel (leer Gén. 12). En Josué 2 vemos un ejemplo de esa esperanza: que todas las naciones conocieran al Dios que es *kjésed*. Rajab fue la extranjera que formó parte del campamento israelita poco después de su instauración como un pueblo de alianzas con Jehová y entre ellos.

Las latinas alteran las estructuras homogéneas. En las instituciones predominantemente blancas (las IPB), las mujeres latinas son un indicador visual de que ciertas estructuras siguen siendo injustas y racistas y que excluyen a comunidades enteras. Nuestra presencia en las IPB para muchos es una señal de que la situación está cambiando y la diversidad comienza a aceptarse. Otros consideran que nuestra escasa presencia demuestra que estamos un tanto lejos de tener comunidades fundamentadas sobre la justicia y donde se practica *kjésed*. Las mujeres latinas que no trabajan en una IPB deben recordar los sacrificios que otros han hecho para que ellas puedan tener esa oportunidad. Por lo tanto, es preciso guiar con bondad amorosa y lealtad. Para todas las mujeres latinas: seamos líderes con nuestra actitud atrevida, cuyo fundamento es *kjésed*, y anunciemos la salvación de Dios para nuestras familias y comunidades.

## MUJERES COMO RAJAB

Rajab se ha convertido en una gran amiga para mí. Su historia me recuerda cuando trabajé todo un año con mujeres recién salidas de prisión. Muchas de ellas eran parte de la industria del sexo; la mayoría habían sido forzadas a entrar. Hay mujeres como Rajab en las esquinas de San Antonio, Fresno y la mayoría de ciudades. Algunas de ellas esperan una oportunidad para liberarse; otras han esperado tanto que ya no tienen esperanzas. Muchas de ellas han sido abusadas sexualmente. Tantas otras han sido engañadas para entrar en esa vida. Nuestras hermanas indocumentadas son en particular vulnerables a caer en la trata de personas. Según la Latino Action Network [Red de acción latina], es más probable que las mujeres inmigrantes casadas experimenten violencia de pareja que las solteras. Norma Ramos, la antigua directora ejecutiva de Coalition Against Trafficking in Women [Coalición contra la trata de mujeres] afirmó: «Las mujeres latinas, las afroamericanas y las indígenas se ven desproporcionalmente afectadas por la trata de personas».[3]

Quiero expresar lo que muchos ya conocemos: muchas latinas han sido víctimas de violencia doméstica o sexual. Rajab experimentó ese maltrato. Me gusta imaginar el momento en que ella les propuso a los espías el pacto, que era el primer paso hacia su salvación. La violencia sexual es un mal poderoso que busca dañar la imagen de Dios en Su pueblo. Todos sanamos de maneras distintas. Algunos se unen a un grupo donde puedan compartir su dolor, otros sanan por medio de la oración, algunos buscan consejería o hablan, escriben, escuchan. Querida sobreviviente, ¿qué necesitas para sanar? Querido lector que no has experimentado este abuso, ¿cómo podrías hacer que tu iglesia, tu comunidad y tu grupo de amistades sean un ambiente seguro para las víctimas de esta injusticia? Para más información al respecto, visita rainn.org. También hay ayuda permanente si llamas al 1-800-656-HOPE (4673).

Carissa Phelps es una autora, activista y abogada mexicana-estadounidense que fue explotada sexualmente de joven. Tras ser arrestada varias veces, su consejera juvenil y una profesora de matemáticas le recomendaron que continuara su educación. Phelps recibió un título de licenciada en artes de California State University Fresno [Universidad estatal de California en Fresno] y un título de abogada de UCLA [Universidad de California, Los Ángeles]. Ella ha utilizado su educación para defender a quienes son explotados hoy.

Hace años, tuve el honor de conocer a una mujer que, de manera milagrosa, se libró de caer en la trata de personas. Ella me refirió su historia con miedo y temblores. Al llegar a Estados Unidos, el coyote (la persona que ayuda a los indocumentados a cruzar la frontera) la llevó a un lugar desconocido. La habían separado de los demás y luego la hicieron esperar en un cuarto oscuro junto a otras mujeres. Los secuestradores las hicieron pasar hambre y las dejaron aisladas por un periodo de tiempo que ella no pudo determinar. Por alguna razón, mientras las movían de un sitio a otro, los criminales decidieron abandonar a mi amiga y a otra mujer, pero se llevaron a las demás. Ella se quedó sola, abandonada, sin comida ni agua en nuestro lado de la frontera. Sin embargo, de algún modo, sobrevivió. En la actualidad, ella es la madre de tres hermosos hijos, está en proceso de obtener su GED [Diploma de equivalencia general] de un centro de estudios superiores y solicitó la visa tipo U, que se les otorga a las personas que han sufrido violencia doméstica. Mi amiga ha enfrentado muchas dificultades. No obstante, su lealtad está con el Señor y su liderazgo en su comunidad y su familia es evidente. Cuando le pregunté qué permitió que ella fuera liberada, me respondió: «Simplemente oré; por todos nosotros, en cada momento. Creo que la única razón de mi escape fue la oración».

Existen barreras sistémicas que hacen difícil liberarse de esa industria. Los obstáculos espirituales no son menores. ¿Qué otro poder es capaz de contrarrestar la terrible industria de la trata de personas además de la oración y de nuestra capacidad de unir fuerzas para luchar? No es imposible obtener salvación. Rajab reconoció a Dios como el Señor del cielo y de la tierra. Mujeres similares a ella habitan nuestras ciudades y muchas de ellas están listas para prometer lealtad al Señor. Si deseas una lista de organizaciones que apoyan a las mujeres que buscan salir de esa industria, lee la nota final.[4]

## MI HISTORIA

Las mujeres latinas solemos apropiarnos de las etiquetas que nos imponen. Aunque nos hayan llamado *sucia* o *atrevida*, poco latina o demasiado latina, nosotras sabemos que, si caminamos sometidas al Señor, tenemos el poder *kjésed* en nuestro interior. Yo solía esconder mi actitud atrevida. Entonces noté que en las comunidades cristianas donde la mayoría de personas eran blancas, preferían mujeres tímidas y calladas. Yo soy tímida, pero no muy callada. Me gusta reír con el vigor de mil leones y bromear con la sutileza de un colibrí. Aunque he intentado ser más callada, mi lealtad al Señor y mi conocimiento de Su reino me hacen expresarme con ganas y con justicia *kjésed*.

Durante cuatro años, estudié en un seminario magnífico con profesores que encarnaban *kjésed*. Sin embargo, sin importar cuánta bondad amorosa hubiera, era imposible ignorar que a veces solo había dos latinas en el programa de teología. Cuando más adelante asistí a conferencias nacionales sobre religión, la injusticia sistémica fue aún más evidente. En situaciones como esa, encontraba paz en la *kjésed* de Dios. Yo estaba convencida de que Él me acompañaba y me legitimaba en aquellos contextos donde la mayoría eran personas blancas. Aunque parecía que aquel no era lugar para mí, yo sabía que pertenecía a la comunidad de los creyentes. Me apoyé en mi liderazgo atrevido y completé mi maestría en teología con muchas ganas. En la actualidad, todavía me apoyo en ese estilo de liderazgo para aportar mis ideas sobre la iglesia y la cultura. En momentos en que me sentía fuera de lugar, también tomé el ejemplo de mujeres líderes notables para estimularme. Una de mis frases favoritas que me ayudó a completar mi maestría es de la diputada Shirley Chisholm, la primera mujer afroamericana en ser parte del congreso de Estados Unidos. Ella afirmó: «Si no te ceden un asiento a la mesa, entonces lleva un banquito». Rajab llevó un banquito para ella y su familia. Por todo esto he aprendido a respetar y admirar el liderazgo de Rajab.

*Querido Dios, gracias por la vida y la historia de Rajab. Gracias por ser quien despierta la voluntad que yace dormida en nosotros, por considerarnos con bondad amorosa y reconocernos como seres libres.*

## DE LA HISTORIA DE RAJAB A LA TUYA

¿Con cuál de los cuatro atributos del liderazgo de Rajab te identificas? ¿Por qué? ¿Cuáles de ellos te gustaría desarrollar? ¿Dónde podrías lograrlo?

¿En qué contextos percibes que se encasilla y se cosifica a las mujeres? ¿Cómo podrías ejercitar *kjésed* y unirte a Jesús para liberarlas?

¿En qué área de tu vida necesitas redención? ¿Acaso es preciso erradicar tu miedo al liderazgo, sanar tu sexualidad o mejorar tu visión de la fidelidad del Señor? Redacta una oración o un poema donde le pidas a Dios una sanidad liberadora y un perdón amoroso.

PARTE DOS

# INFLUENCIA E IMPACTO

Las identidades de Rajab, María de Betania, Ana, la mujer sulamita y Ester estaban fundamentadas en la intimidad con el Dios creador. Ellas se convirtieron en líderes gracias a su conexión con el Señor del universo, el dador de vida, el que sana las almas. Estas hermanas nos mostraron las posibilidades de una vida con Dios. En la parte uno de este libro, consideramos nuestra identidad y la necesidad que tenemos de mantener nuestra relación eterna con Jesús. Mantener una conexión con Dios nos llenará de Su amor hacia el prójimo y nos fortalecerá para compartir el evangelio. En la parte dos, veremos a seis heroínas que fueron líderes de gran influencia e impacto.

Esta sección incluye a una mujer de Canaán y a Rut, Tabita, Lidia, Débora y María. Elegimos a estas mujeres por el impacto que sus liderazgos tuvieron en sus comunidades, sus familias y las generaciones futuras. Estas historias contienen sorpresas para nosotros, así como las tuvieron para su público original. Todas ellas son diferentes en el estilo de liderazgo, el lugar donde ejercieron influencia y en el estatus social que tuvieron. No obstante, las une su capacidad de orientar a las personas hacia el amor de Dios. Esperamos que estas historias te ayuden a buscar de Dios para causar un gran impacto, interno y externo, en beneficio de Su reino. En los capítulos siguientes, veremos a Dios, a Jesús y al Espíritu Santo trabajar por medio de mujeres comunes para replicar en la tierra la comunidad del cielo.

# 7

# LA MUJER CANANEA

## UN LOGRO EN LOS LÍMITES

NATALIA KOHN

Me es difícil separar mi raza de mi género. Esas dos «categorías» no suelen estar separadas en mi vida diaria. Siempre soy una mujer y siempre soy argentina-armenia. Por lo general, aprecio mucho este hecho. Disfruto ser una mujer del siglo XXI y aprecio las etnias que Dios me ha regalado para darle gloria. Sin embargo, no vivimos en un mundo perfecto ni en una utopía espiritual o de otra índole. El jardín del Edén ha quedado atrás y vivimos en medio del pecado y la decadencia. Por muchas razones, ser una mujer latina puede parecer una desventaja. No quiero mencionar todas las formas de nuestra desigualdad, pero debo decir que no solemos habitar en el centro del privilegio, sino en los márgenes.

¿Son malos los márgenes? ¿Acaso podemos todos vivir en el centro? ¿No está el centro en constante variación, o solo es un ideal? Los márgenes parecen negativos cuando existen barreras con el propósito de separar y dividir. Estos obstáculos buscan minimizar a las personas e impedir el acceso a recursos y oportunidades. Las barreras no son buenas, pero ¿lo son los márgenes? ¿Qué opina Jesús sobre ellos?

Todas las personas enfrentan dificultades, no solo los latinos. El pecado ha generado obstáculos durante toda la historia y alrededor de todo el mundo. Estas barreras suelen depender de la lucha por el poder y los recursos. Tristemente, el ser humano suele categorizar y adjudicar valores distintos a cada grupo humano. Nosotras, como mujeres y como latinas en Estados Unidos, gozamos de ventajas y desventajas. Con el pasar del tiempo, aprendemos de la sociedad, de nuestra familia y de nuestras experiencias cómo manejar los obstáculos. Nos acostumbramos a ellos y olvidamos que existen. Sin embargo, llega un día en que nuestra rutina cambia repentinamente y nuestra identidad se ve amenazada y cuestionada. Nuestra identidad étnica o nuestro género (e incluso ambos) se ven afectados y devaluados.

Mientras escribo esto, las personas bajo el programa DACA, Deferred Action for Childhood Arrivals [Acción diferida para los llegados en la infancia], temen ser deportados luego de que se les prometiera residencia y ciertos recursos durante la administración de Obama. En 2008 se celebró la iniciativa; hoy, se está cuestionando a los jóvenes latinos y sus estatus legales corren peligro. Muchos de ellos temen ser apartados de sus familiares y alejados de la única cultura que han conocido. Estas personas bajo el programa DACA se han visto forzados a enfrentar obstáculos antiguos y nuevos, todo ante el ojo público.

Actualmente, Puerto Rico está enfrentando dificultades por causa de un huracán devastador. Gran parte de la isla ha estado sin servicio eléctrico durante meses. El pueblo, como habitantes del territorio de Estados Unidos y ciudadanos norteamericanos desde 1917, está luchando por obtener asistencia y recursos. Los últimos meses han sido complicados para nuestros vecinos latinos más cercanos.

Los obstáculos pueden suscitar una serie de respuestas emocionales; la ira es de las más comunes. La situación actual del pueblo estadounidense y las noticias de los medios provocan una ira que pronto se materializa. En ocasiones, las acciones crueles e inhumanas generan un enojo justificado y santo. Quizás tu primera respuesta ante las barreras suele ser irritarte, alzar la voz y gritar de frustración. En nuestra sociedad democrática, se nos anima a manifestar nuestras opiniones y sentimientos, pues la constitución nos garantiza el derecho de expresarnos. En medio de todo el caos, me pregunto, ¿es la ira la única respuesta posible ante los obstáculos?

## NUESTROS HERMANOS MÁS PEQUEÑOS: LOS REFUGIADOS SIRIOS

Recuerdo que descubrí otro tipo de obstáculos cuando traté con otro grupo de mujeres segregadas, lo que me permitió adentrarme en su marginalidad. Un grupo de unos 30 jóvenes estadounidenses fueron de viaje ministerial al sur de Líbano para visitar a los refugiados sirios. Nuestra intención era predicar el evangelio a aquel grupo de personas musulmanas e inquirir si deseaban nuestras oraciones. Formamos grupos de cinco o seis personas y visitamos un vecindario sirio de escasos recursos. Caminamos por el lugar junto a nuestro intérprete cristiano mientras esperábamos que alguien nos invitara a tomar el té.

Yo había previsto que aquello sería una incómoda y extensa estrategia. No obstante, solo tomó pocos minutos. En poco tiempo, todos los grupos habían sido invitados a entrar en los apartamentos de cemento, pequeños y fríos. Unas madres jóvenes invitaron a mi grupo. Sus esposos habían salido a buscar trabajo, por lo que vimos nuestra oportunidad y tomamos la iniciativa. La hospitalidad del Cercano Oriente se materializó en sonrisas hermosas, conversaciones honestas y un té delicioso. Con la ayuda del intérprete, conversamos con las mujeres durante horas. Yo pregunté: «¿Cómo te tratan las personas de Líbano?». Una de ellas respondió sin dudar: «Como a perros». Seguimos conversando y después oramos. Fue maravilloso; sin duda, uno de mis días favoritos.

Unos días después, mientras reflexionaba sobre la conversación con aquellas magníficas mujeres sirias, la frase «como a perros» cobró un vigor inusitado. ¿Dónde había escuchado algo similar antes? Lo descubrí: la frase era de la Biblia y venía de la historia de una de mis mujeres preferidas de los Evangelios.

## ELLA NO ACEPTARÁ UN NO COMO RESPUESTA

Ahora veamos a una mujer que también fue tratada como un perro, no solo por la sociedad, ni su pueblo en particular, ni un grupo de hombres judíos discípulos de Jesús, sino también por Cristo. Esta mujer era consciente de sus obstáculos, su marginación y su identidad inferior. Aquel día con Jesús, todas esas barreras adquirieron una fuerza particular. Se trata de una mujer cananea, alguien identificada solo por su etnia no judía *y* su género. Estas dos identidades la definen por siempre en la Escritura; nadie nombrará a sus hijas con su nombre jamás.

Ignoro si la mujer cananea despertó aquella mañana sabiendo que se encontraría al maestro judío, al rabino Jesús. Su región, Tiro y Sidón, estaba cerca de Israel. Probablemente ella escuchó el rumor de que un tal Jesús sanaba a las personas y efectuaba milagros. No sabemos mucho de ella, excepto dónde vivía y que tenía una hija endemoniada. ¿Dónde estaba su esposo o su hijo mayor? Ella apareció sin un hombre, sola, pero eso no le impidió actuar. Las mujeres de aquella región y época no solían interactuar con otros hombres, mucho menos con un grupo numeroso de ellos. Esto todavía se mantiene en el Medio Oriente, miles de años después. Los roles de género son estrictos y todos los conocen. Varias personas asumieron que la mujer cananea era viuda y no tenía hijos, lo cual la llevó a quebrar aquella barrera de género.

Ella escuchó que Jesús y Sus discípulos estaban cerca. Tanto en Mateo 15 como en Marcos 7 se nos informa que ellos se alejaron de las multitudes y no iban a ministrar. Mateo afirma: «Jesús se retiró a la región de Tiro y Sidón» (Mat. 15:21), que en la actualidad sería el sur de Líbano, de doce a quince millas (unos 20 a 25 kilómetros) de la frontera del Israel actual. Tras escuchar que Jesús estaba cerca, la mujer cananea decidió acudir a Él. Ella apareció gritando, con la seguridad de que Jesús la podía ayudar. Su posible situación como madre soltera de una hija era grave. La mujer cananea necesitaba ayuda y no temía pedirla.

En la versión del Evangelio de Mateo, ella acude a Jesús y revela el motivo de que estuviera ignorando las normas culturales. En medio de sus gritos, la Biblia afirma que: «Jesús no le respondió palabra» (Mat. 15:23). La respuesta inmediata de Jesús al dolor, el sufrimiento y la interrupción de la mujer fue el silencio. ¿Por qué haría esto? ¿Por qué no le respondió inmediatamente? Ella rogó y clamó hasta que los discípulos tuvieron que pedirle a Jesús que la callara, pues ellos no habían podido hacerlo. Cristo respondió: «No fui enviado sino a las ovejas perdidas del pueblo de Israel» (Mat. 15:24). ¿Jesús la estaba rechazando una vez más? Tras ser refutada por segunda vez, ¿qué hizo aquella mujer no judía sin educación? Ella se acercó aún más a Jesús, se arrodilló delante de Él y le suplicó: «¡Señor, ayúdame!» (Mat. 15:25). En este punto, todos pensamos: por supuesto que Jesús la ayudará, Él no suele rechazar a quienes lo buscan desesperados. No obstante, ocurre un tercer rechazo. Primero fue el silencio, después la afirmación «No fui enviado para ti» y por último Jesús declaró: «No está bien quitarles el pan a los hijos y echárselo a los perros» (Mat. 15:26). Un momento, ¿Jesús llamó perro a esa pobre mujer?

Si investigamos bien la historia, notaremos que los expertos no suelen responder por qué Jesús la llamó perro. Por lo general, ignoran la tensión y la confusión para afirmar que Jesús en realidad la estaba llamando un «perrillo». Según *The Interpreter's Bible* [La Biblia del intérprete]:

> Pocos pasajes en los Evangelios han causado tanta confusión en los lectores cristianos como este. Existen varias propuestas que buscan explicar la situación: A) Jesús en realidad utilizó el diminutivo «perrillos» de manera amistosa, lo cual indicaba que Él no despreciaba a los extranjeros como muchos judíos lo hacían. B) Quizás Jesús quiso decir: «Mis discípulos ven a los gentiles como a perros. ¿Qué haremos al respecto?». Es decir, Cristo procuraba impartirles una enseñanza a los discípulos. C) También puede ser que Él estuviera probando la sinceridad de la humildad y la fe de la mujer cananea.[1]

Mientras profundizamos en esto, quizás te preguntes quién era Jesús y cuál era Su estrategia. ¿No era Su misión sanar a los enfermos, dar vista a los ciegos y guiar a las personas hacia el Padre amoroso? ¿Acaso Su ministerio no incluía arreglar las divisiones raciales construidas con odio?

En esta historia con frecuencia ignorada, Mateo y Marcos incluyen un conflicto racial que debemos examinar. Llamar «perro» a alguien, tanto en el Medio Oriente antiguo como en la actualidad, es un comentario racial que degrada y humilla a una cultura al estimarlos inferiores o inhumanos. ¿De verdad Jesús era racista? ¿Era Él como otros judíos que rechazaban a las culturas extranjeras? ¿No vino Cristo tanto para el judío como para el gentil? ¿Por qué llamó perro a esa mujer de Tiro y Sidón, en especial en medio de su dolor?

## NUESTROS ESTIGMAS Y ESTEREOTIPOS

Nadie desea vivir entre barreras, en especial esas instauradas para dividir y controlar. Los márgenes que existen en nuestro país han sido creados por barreras intencionales que procuran mantener a unas personas adentro y a otras afuera. El pueblo latino en Estados Unidos representa alrededor del 18 % de la población (57 millones de personas). Como parte de esta comunidad, nosotros hemos experimentado una jerarquía de sistemas y de gente poderosa que tratan de mantenernos a todos callados y detenidos. Algo similar intentaron hacerle los discípulos de Jesús a la mujer cananea. El pueblo latino enfrenta obstáculos constantemente: problemas de inmigración, la vida en los vecindarios pobres, el temor de no poder sustentar a nuestra familia, las injusticias sistémicas que nos hacen trabajar el doble para obtener las mismas oportunidades que los demás, y así por el estilo.

Yo comprendo estos obstáculos, aunque no porque los haya enfrentado todos personalmente. Yo soy una latina-armenia de tez clara, una ciudadana naturalizada que creció en California hablando inglés y español y que fue educada en el sistema estadounidense. Mi madre me hizo esforzarme y me abrió puertas por las cuales le agradezco.

Sin embargo, nuestra familia también enfrentaba obstáculos. Mi padre no hablaba inglés y al llegar a una cultura diferente a los 36 años de edad desde Argentina se sintió abrumado. Él todavía no habla inglés muy bien. Por lo general, se niega a hablar en este idioma porque se siente avergonzado de su acento. Mi madre, mi hermano y yo toda la vida hemos sido sus traductores. Yo he visto a mi papi encontrarse vecinos racistas, empleados impacientes y expresiones de rechazo. Él ha enfrentado muchos obstáculos, pero el que más lo ha afectado ha sido el de proveer para su familia. Se le han negado muchos trabajos por su pobre manejo del inglés, por lo que ha tenido que proveer las finanzas desde los márgenes de la sociedad. Sin embargo, le agradezco a Dios que le haya otorgado a mi papi tanta persistencia y creatividad para sustentar a su familia toda la vida. No siento rechazo hacia los márgenes de la sociedad, pero es que he visto cómo esos obstáculos les han causado dolor constante a tantas familias.

Hay varios aspectos que pueden causarnos una gran angustia y enojo: nuestro lugar en la sociedad, cómo nos perciben y nos tratan al ser latinos y los estigmas y estereotipos que nos imponen. Esto le sucedió a la mujer cananea, pero ella no parecía estar lidiando con enojo o amargura durante su encuentro con Jesús. Su reacción me intriga. ¿Por qué no se alejó de Jesús ni lo consideró igual que el resto de los judíos? ¿Por qué prosiguió después del rechazo, el racismo y los obstáculos?

## LA SEGREGADA RECIBE MUCHO MÁS

Examinemos con cuidado lo que le respondió nuestra heroína, la mujer cananea, a Jesús. Luego de que Él la rechazó y la subestimó, ocurrió lo que hemos estado esperando: un momento que puede cambiarnos el liderazgo, el carácter y la vida. La mujer le insistió a Jesús y no aceptó Sus comentarios iniciales. Cuando Él la llamó «perro», ella respondió: «... aun los perros comen de las migajas que caen de la mesa de sus amos» (Mat. 15:27). Ella respondió a la confusa afirmación de Jesús con una declaración igual de confusa.

Cristo solía utilizar parábolas para transmitir enseñanzas. Este recurso era casi como un acertijo, pero no tenía el propósito de confundir, sino de provocar que las personas lo siguieran para aprender un poco más. Jesús utilizó esta estrategia durante Sus tres años de ministerio. Él hablaba en parábolas con los intelectuales de la élite religiosa, con sus discípulos de una educación básica y también con la mujer cananea. Lo curioso del asunto es que ella también le respondió en forma de parábola, sin dudar ni confundirse. Evidentemente ella comprendía lo que Él estaba diciendo. Nadie más en los Evangelios había conversado con Jesús de este modo. En momentos como ese, la mayoría de personas se alejaban en silencio, confundidas, y algunas regresaban para inquirir sobre la enseñanza. No obstante, ninguna otra persona le había contestado a Jesús con tal confianza en forma de parábola.

Lo que ella responde es tan importante como su manera de hacerlo. Su réplica mostraba que ella entendía que Jesús había venido primero por los judíos, los «hijos» en la parábola. No obstante, ella sabía que Jesús también había venido por los gentiles, las personas no judías, «los perros que comen del pan de los hijos». Ella entendió el enigma y lo resolvió. Sin embargo, esto no se trataba de un juego de palabras. La mujer cananea comprendió el plan de salvación: primero los judíos y después toda tribu, lengua y nación. ¿Cómo es que una mujer con poca educación y que no era judía hablaba en parábolas y entendía la estrategia cronológica de la salvación del mundo? Los discípulos de Jesús, aquellos que caminaron con Él durante tres años, no comprendieron el plan de salvación sino hasta el Libro de los Hechos, cuando el Espíritu Santo descendió sobre ellos.

En Mateo 15:28, Jesús nos revela la respuesta: «¡Mujer, qué grande es tu fe!». La mujer cananea había obtenido aquella revelación de manera sobrenatural de parte del Señor. Ella no lo había leído en un libro ni lo había escuchado de un sermón, sino que el Dios que la creó le mostró el plan de salvación. Aquella mujer herida y llena de dolor se acercó a Jesús para que Él sanara a su hija endemoniada. En primera instancia, pareció recibir silencio, rechazo y humillación, pero al final se le otorgó una revelación sobrenatural y su hija fue sanada. Entonces Jesús le confirmó que su hija había quedado sana y que ya podía irse a su casa. Él le dejó saber que su sufrimiento había acabado y que se había encargado de todo.

En esta historia, la mujer se acercó cada vez más a Jesús, primero por desesperación y después por haber recibido una revelación de quién era aquel maestro. Jesús le concedió todo lo que ella necesitaba, pero el costo era someterse. Aquí encontramos una suerte de paradoja: mientras menos se ofende, más recibe. Todos sabemos que Jesús no humillaba a las personas, pero sí las sometía; a veces confundimos las dos cosas. La mujer atravesó la ira, la injusticia, el racismo y el sexismo para luchar con humildad. Ella consiguió salud para su hija al ser humilde y dócil. Ella fue una líder frente a los doce discípulos, pues fue persistente, intrépida, tenaz y no olvidó quién era Jesús y de lo que era capaz. Jesús estaba derrumbando aquellas barreras para poder entregarle revelación y sanidad a la mujer cananea.

Me parece que su hija no fue la única que recibió sanidad ese día; creo que la mujer también ser marchó sana. Ella había llegado marginada por su raza, su género y su religión original, pero regresó a su casa libre. Jesús le concedió un discernimiento sobrenatural a una mujer no judía. Él mencionó su origen no para humillarla, sino para revelar ese dilema, confrontarlo y traer sanidad. Si Jesús no hubiera tocado el tema racial, entonces no hubiera tenido la oportunidad de sanar todo el sufrimiento de la mujer. Era necesario exponer las heridas, los recuerdos, la raíz misma del dolor. Jesús no ignoró el dolor, pues sabía que para sanar y obtener libertad era necesario lidiar con el sufrimiento desde la base.

La mujer cananea tuvo un impacto indirecto, pero eficaz. Ella no salvó a su pueblo como lo hizo Ester al enfrentar un posible genocidio, ni tampoco guio un ejército como Débora (a quien veremos en otro capítulo). La mujer cananea obtuvo su salvación y la de su hija de un modo que también incluía a su pueblo. Ella completó la parábola de Jesús al hablar por los suyos, los gentiles. Sin duda pudo haber respondido solo en beneficio de sí misma, pero Dios deseaba revelar el plan de salvación para el mundo. La mujer cananea respondió en nombre de todos aquellos que habían sido marginados de este plan durante tantos años. Sin embargo, a partir de ahí serían rescatados gracias al poder de la sangre, el sacrificio y la muerte de Jesús en la cruz. Ella declaró que los gentiles ya no habitarían los márgenes de la salvación eterna, sino que el Padre los encontraría y los cubriría con Su amor. Ya no serían «perros», pues Cristo enviaría a Sus discípulos a evangelizar a los gentiles durante generaciones. Ellos tomarían su lugar legítimo a la mesa de la salvación.

Nuestra hermana cananea comprendió estas cosas en su encuentro determinante con Jesús. Él exaltó la fe de ella en público, de modo que los discípulos escucharan. La mujer regresó a su casa con su hija recién sanada. Por su parte, Jesús llevó a los discípulos de regreso al territorio judío y no visitó ni sanó a nadie más en Tiro y Sidón. El propósito de Cristo había sido encontrar y sanar a aquella mujer humilde. Él no fue a una reunión de avivamiento repleta de personas para conversar con un hombre gentil de mucha influencia que pudiera ayudar a expandir el evangelio; Jesús deseaba encontrarse a la mujer cananea y a nadie más. Ellos habían cruzado hacia territorio «impuro» por el bien de aquella mujer desconocida y abatida, pero intrépida, llena de fe y grandes revelaciones.

## LA OSCURIDAD SE TORNA EN LUZ

Conocí a Mariana en 2012, en el campus de Pasadena City College. Yo trabajaba en InterVarsity Christian Fellowship, una organización paraeclesiástica que ejerce el ministerio en las universidades. En un principio, Mariana me pareció fría y discerní que era una mujer que había vivido muchas experiencias en poco tiempo. Cuando conocí su historia y sus pasiones, descubrí que en aquella joven de 1.6 metros de altura se escondía un gran potencial.

Mariana experimentó una crianza «un tanto oscura», en sus propias palabras. Ella tuvo una magnífica niñez hasta la edad de siete años.

Su familia era muy unida; estaban su papi, su mami y seis hermanas *y* hermanos. Ellos vivían felizmente en el sur de Los Ángeles, hasta que la oscuridad consumió su niñez. Un miembro de la familia comenzó a abusar de ella. De un momento a otro, Mariana conoció el trauma, la vergüenza y el desprecio a sí misma. En aquella época, su mami tuvo un accidente horrible y, puesto que Mariana era la segunda hija mayor, tuvo que encargarse de su mamá y su familia. Esto implicaba cambiar los pañales de los más pequeños y cocinar la comida. ¿Qué haría de cenar una niña de siete años? Su papi se distanciaba cada vez más de la familia y esto ponía más responsabilidades sobre Mariana. Sus roles maternales aumentaron durante aquellos meses difíciles y solía escuchar cómo su madre clamaba a Jesús desde su cama para que ayudara a la familia. Ellos tenían una vecina cristiana llamada Olga. Ella se convirtió en una mentora para los niños y les dio a conocer un programa cristiano llamado Metro Kids, un ministerio que operaba en los barrios pobres de la ciudad y que revitalizó la vida de Mariana y sus hermanos.

La familia se mudaba con frecuencia y experimentaba épocas buenas y malas. El corazón de Mariana estaba suspendido en silencio; ella vivía en vergüenza y confusión. Cuando tenía trece años, por fin comprendió a cabalidad lo que había sufrido en su niñez. No obstante, al cumplir los quince años de edad, su padre comenzó a abusar de ella y se convirtió en su nuevo «monstruo». Ella mantuvo el silencio. En su interior albergaba la esperanza de mantener unida a su familia, porque de otro modo no sobrevivirían. Un año después, Mariana le confesó a su madre lo sucedido, pero ella no le creyó, sino que negó la historia. Mariana habitaba los márgenes de una familia que procuraba mantener unida. El dolor y la ira se retorcían dentro de ella y tenía pensamientos suicidas que la consumían, aunque sabía que no podía morir. Mariana dejó el colegio y más tarde la expulsaron de la escuela del reformatorio.

Gracias a Dios, Olga, la vecina cristiana, ayudó a Mariana a encontrar un colegio privado donde concluir sus estudios. También la incluyó gradualmente en una comunidad cristiana llena de vida llamada Dream Center, ubicada en el centro de Los Ángeles. Allí, Mariana recibió esperanza después de mucho tiempo. También comenzó a experimentar la presencia amorosa de Dios a diario. Ella escuchaba al Espíritu Santo guiarla hacia la realidad de su identidad y prometerle que Dios cuidaría de su familia. Entre las barreras del abuso y la disfunción familiar, Mariana había quedado atrapada en el silencio; en el amor de Jesús, ella obtuvo libertad para expresarse y sanar.

Cuando Mariana llegó a Pasadena City College, ya había recibido el amor de Jesús y escuchaba Su voz que la guiaba hacia la sanidad. Ella era un agente catalizador para muchos jóvenes de nuestro grupo que se estaban acercando a Jesús. Con el tiempo, logró perdonar a su padre. Luego, por obra de Dios, ella fue quien lo llevó a rendirse ante Cristo. Mariana se unió a InterVarsity y es una de las evangelistas más fuertes que yo haya tenido el honor de orientar. Desde entonces ha participado en viajes misioneros a China, Canadá e Irak.

Mariana todavía está sanando las heridas de su niñez. El Señor le está entregando sanidad, libertad, orientación y cuidado. Los estigmas que alguna vez la marcaron han ido perdiendo influencia, pues su identidad ya no reposa en el abuso, el pecado, la ira, su vecindario, los fracasos y demás. Mariana ha experimentado cómo la luz de Jesús invade las tinieblas de su niñez y también la oscuridad presente en las actuales situaciones y sistemas del mundo. Cada día, ella elige la luz de Cristo. La esencia de su liderazgo es similar al de la mujer cananea: luchar para que sus amigos y su familia conozcan a Jesús. Ambas pelearon para obtener sanidad y un nuevo futuro; como recompensa, recibieron más de lo que hubieran podido imaginar.

## DE LA HISTORIA DE LA MUJER CANANEA A LA TUYA

Muchos líderes todavía consideran que las personas siguen a los más expresivos, inteligentes y malhumorados. No obstante, según la historia que hemos visto, esa no es la respuesta ni el método correcto. La mujer cananea se convirtió en una líder para su familia y su pueblo al comprender algo que ni los discípulos habían descifrado. Cuando ella se encontró con Jesús y Sus discípulos, toda la carga que llevaba a cuestas se desintegró frente al Salvador. La fe que esta mujer tenía en el Señor, mas no en las barreras raciales, religiosas o de género, le permitieron obtener una sanidad total. Cuando nos enfocamos en Jesús y no en los obstáculos y sus efectos en nuestro corazón, podemos derribar murallas y recibir la verdad y la revelación que necesita nuestra familia, nuestra comunidad y también nosotros.

El liderazgo espiritual no solo implica personas con hambre de justicia que claman en las calles y protestan en las redes sociales (aunque esto sí tiene su momento) ni líderes que discuten su fe. En realidad, se trata de diseminar la verdad sobre Jesús en un mundo que no puede percibirla. Esto implica daños para nuestro ego y nuestro orgullo. Es decir, es posible que no debamos luchar en la forma tradicional, sino someternos a Jesús aún más y depender de Él para recibir la autoridad espiritual que desea darnos. El mundo anhela algo sustancioso, redención y esperanza, mas no la ira que abunda.

Tener influencia espiritual relevante no se trata de la imagen pública, ni de cuántas personas te siguen y le dan me gusta a tus publicaciones en las redes sociales. El verdadero liderazgo espiritual no es un concurso de popularidad y jamás debería serlo. Jesús forja los líderes del interior para afuera. Él confía en aquellos que descansan en Él y aceptan Su liderazgo. A veces, aceptar la orientación de Jesús implica relegar nuestras emociones humanas. La mujer cananea exhibió una gran confianza en Jesús aquel día. Algunos afirman que esto se debía a su desesperación; a mí me parece que ella sabía que Cristo era un hombre distinto, que podía redimirla a ella y a su familia. Jesús es confiable; Él está comprometido con la salvación y la justicia de los judíos y los gentiles por igual, incluso de aquellos que todavía no han conocido Su gracia. ¿Confías en Él? ¿Crees que desea lo mejor para ti y todos nosotros?

Es tiempo de seguir el ejemplo de la mujer cananea. Permitamos que Jesús nos revele el ministerio del sometimiento y la dependencia en Él, incluso cuando debamos enfrentar el dolor que hemos ignorado por mucho tiempo. Dejemos que el Espíritu del Señor desintegre las barreras y que nos permita sanar a nosotros y a nuestra gente. Seamos líderes que superan obstáculos y permitamos que Jesús nos convierta en mujeres sabias, confiadas y estables en Su presencia sanadora. Estemos o no en los márgenes de la sociedad, no rechacemos ese lugar, pues Cristo halló y honró a muchos líderes que habitaban en las afueras de todo. Seamos mujeres que cambien los márgenes, no solo confrontando el dolor y la injusticia de manera directa y horizontal, sino también de manera vertical, con nuestra mirada puesta en Cristo. Seamos líderes que reciben sabiduría, entendimiento y revelación.

## UNA ORACIÓN

Señor, permíteme acudir a ti sobre todas las cosas, pues solo Tú me ofreces verdadera justicia y sanidad. Ayúdame a reposar en ti y a someterme a tu autoridad. Confío que me guiarás hacia una revelación impactante y hacia la sanidad y el avance que nos tienes preparados. Amén.

# 8

# RUT
## CRUZAR LAS FRONTERAS Y LA *KJÉSED* DE DIOS

**KRISTY GARZA ROBINSON**

Cuando mi abuela Cora era una madre joven con dos niñas pequeñas, regresó al pequeño pueblo de México que todavía llamaba hogar. Había ocurrido una tragedia en la familia de mi abuelo: su hermano había sido asesinado. En aquella situación terrible, mis abuelos y sus niñas fueron a acompañar a sus seres queridos en medio de la aflicción. Fue una gran pérdida para todos ellos. En una cultura tan marcada por el remordimiento y el honor, el suceso amenazaba con poner a los Garza bajo una atrición debilitante.

Para empeorar las cosas, poco después del funeral, mi abuelo dejó la casa en medio de la noche para buscar trabajo en California. Su hija menor tenía pocos meses de vida; había nacido después de llegar a México para el funeral. Cora, ahora encargada de cuidar a una bebé y a dos niñas, temía que al irse su esposo no volvieran a estar juntos como familia. Ella no podía irse a California sola con tres niñas en busca de su esposo.

Entonces, por el bien de su familia y por su lealtad hacia su esposo, Cora hizo lo imprevisible: tomó un pasaje de autobús para ella y su bebé, se despidió de sus dos niñas y se marchó a California a encontrar a mi abuelo. Ella no sabía lo que le esperaba, ni cuándo podría llevar con ella a sus dos niñas. Sin embargo, quedarse inmóvil no era una opción. Ella era parte de un linaje de mujeres perseverantes; aquella aventura sin duda requería resistencia e intrepidez. Mi abuela había aprendido de las mujeres del pasado. Ahora ella tenía dos pequeñas que también estaban aprendiendo la perseverancia de nuestras heroínas mexicanas. Su decisión fue dolorosa e impactó con fuerza a toda la familia; sus acciones estaban cargadas de ambigüedad y pesar. Mi abuela no podía determinar cómo terminaría todo.

La historia de mi abuela no es única. En 2013, hubo 230 millones de emigrantes o desplazados en el mundo. Las migraciones masivas ocurren por razones variadas: guerra, hambruna, violencia o dificultades económicas.[1] Es probable que en tu familia también haya ocurrido alguna migración. Quizás se trata de una historia en que una frontera «cruzó a tus ancestros». Por ejemplo, lo sucedido con las personas para quienes Texas era su hogar cuando todavía formaba parte de México.

En vista de esta historia, es crucial que sepamos sobre la mujer en la Biblia cuyo relato comparte una similitud con el nuestro. Cuando recuerdo la historia de mi abuela, me viene a la mente con ilusión un personaje bíblico llamado Rut. Ella era una viuda pobre y extranjera que también decidió cruzar una frontera. Su decisión también estaba cargada de miedo, ambigüedad y un amor leal. Además, Rut no tenía modo de conocer el resultado de sus acciones.

## UNA PÉRDIDA INIMAGINABLE

La historia de Rut inicia con muerte y pesar; una pérdida no solo suya, sino de toda una familia. Noemí, la suegra de Rut, había experimentado una tragedia terrible. Con su esposo y sus dos hijos fallecidos, ahora ella debía resolver qué hacer con sus dos nueras viudas y cómo obtener protección y sustento para todas. La situación era sombría; no parecía haber ninguna redención futura. Noemí procuró convencer a sus nueras de que regresaran a sus hogares e iniciaran una nueva vida. Ella había resuelto volver a Belén, de donde había emigrado tras un periodo de hambre. Corría la noticia de que la hambruna había acabado, pero Noemí sentía un hambre en el alma. En un punto de la historia, ella afirmó que había dejado su país «llena» y había regresado «vacía». Ya no tenía esposo ni hijos. Nada.

La historia se torna más profunda cuando Rut se niega a abandonar a su suegra para volverse a casar y empezar de nuevo, sin importar cuánto Noemí se lo pidiera.

> Entonces *Noemí* dijo: Mira, tu cuñada ha regresado a su pueblo y a sus dioses; vuelve tras tu cuñada. Pero Rut dijo: No insistas que te deje *o* que deje de seguirte; porque adonde tú vayas, iré yo, y donde tú mores, moraré. Tu pueblo *será* mi pueblo, y tu Dios mi Dios. Donde tú mueras, *allí* moriré, y allí seré sepultada. Así haga el Señor conmigo, y aún peor, si *algo, excepto* la muerte, nos separa. Al ver *Noemí* que *Rut* estaba decidida a ir con ella, no le insistió más. (Rut 1:15-18, LBLA).

¡Qué amor tan fiel! Uno de los aspectos que nosotras como latinas traemos al liderazgo es ese amor leal o *kjésed*, como la Escritura lo llama. Este concepto se ve a lo largo de la historia de Rut. Ella le mostró *kjésed* a Noemí y este amor benefició a toda la humanidad. No obstante, en ese momento ninguna de ellas conocía el final de su historia. Ellas enfrentaban un futuro desolado, pero Rut estaba comprometida hasta el fin.

¿Con qué frecuencia vemos algo similar en las mujeres de nuestras vidas? Mi abuela se rehusó a permitir que su familia se dividiera y sus acciones cambiaron el rumbo de las generaciones futuras. Mi vida hubiera sido muy distinta si mi padre hubiera nacido y crecido en aquel pueblito del norte de México. Así como mi abuela o Rut, nadie conoce los rumbos que tomará la vida. No obstante, encarnamos el mismo amor leal que nuestra comunidad ofrece para demostrar el compromiso y el cuidado que tenemos los unos con los otros. Las palabras no bastan. Eso significa ser una líder latina. Aunque enfrentemos dolor y confusión, el amor fiel por nuestra gente guía nuestros pasos.

El inicio del Libro de Rut es devastador; por eso es impactante que en medio de esa situación Rut le hiciera una promesa a Noemí que no solo estaba fundamentada en su lealtad a su suegra, sino al Dios que esta adoraba. En medio de aquel caos, Rut decidió consagrarse a esa fe. La pena no le impidió a esta mujer moabita ofrecer su lealtad a un Dios ajeno.

Es sencillo examinar la vida de Noemí y Rut en este punto de la historia y preguntarnos por qué persistieron en su fe. Es posible que Noemí se sintiera abandonada por el Dios de su pueblo y que Rut se preguntara qué clase de Dios permitiría que les ocurrieran aquellas tragedias. Sin embargo, fue en ese punto del relato cuando Rut decidió seguir al Dios de Noemí. ¿Cómo es esto posible?

Cuando converso con mi abuela sobre su pasado, ella suele afirmar que su vida ha estado marcada por «la pena negra», un gran sufrimiento. No obstante, sus palabras no revelan una mujer que se ha rendido ante el dolor. En la comunidad latina, reconocer el sufrimiento no implica ahogarnos en autocompasión. Nosotros sabemos cómo llorar y expresar nuestro pesar, pero también entendemos cómo permanecer gozosos. Esta capacidad instintiva de percibir el mundo desde la aflicción y el gozo al mismo tiempo es otra característica de nuestro liderazgo. No somos pensadores dicotómicos; la vida no es tan simple. Mi abuela ha conocido el sufrimiento, pero también ha experimentado grandes bendiciones y gozo. Lo primero no cancela lo segundo. Del mismo modo, Rut no concibe la tragedia de su vida y la de Noemí como un motivo para rechazar al Dios de Israel.

## UNA INMIGRANTE EN EL CAMPO

En el siguiente capítulo de la historia, Rut cruza una frontera y se alista para cosechar en los campos de su nuevo hogar. En su condición de inmigrante, ella era vulnerable, pues ahora vivía en una tierra donde los moabitas eran vistos como enemigos. No obstante, Rut persistió, pues había hecho una promesa y no estaba dispuesta a abandonar a Noemí. Aunque había comida en Belén, no se trataba de alimentos mágicos que vendrían a ellas. Entonces Rut fue a trabajar para sustentar la vida de ambas en su nueva tierra.

Cuando mi abuela cruzó la frontera hacia California, llegó lista para trabajar. En aquellos tiempos, en Estados Unidos había una gran demanda por extranjeros que trabajaran como granjeros y que cosecharan el producto que estuviera disponible en cualquiera de las temporadas alrededor del país. Mi abuela puso a su hija en una guardería permanente y la veía solo los fines de semana. Eran tiempos duros: sus hijas mayores estaban en México y la menor la cuidaban unos extraños. No obstante, ella y mi abuelo trabajaron en los campos juntos. No era la vida más fácil, pero era la que tenían y ellos la aprovecharon. Esa es la naturaleza de la mujer mexicana-estadounidense: resistir en todo tiempo. Se nos ha enseñado a enfrentar toda situación, incluso si debemos llorar en el proceso.

Rut no tenía otra opción más que trabajar. Ella cosechó los campos y el trabajo era arduo. En Israel existían leyes que protegían a los vulnerables; Rut era uno de ellos. En aquel tiempo, los inmigrantes enfrentaban grandes riesgos; por eso, se los incluía en la lista de los más necesitados de la sociedad: las viudas, los huérfanos y los pobres. Según M. Daniel Carroll R., las leyes de inmigración israelíes de aquella época contenían «un gran número de recursos» para proteger a los más vulnerables. Estas leyes, específicamente la que permitía que los inmigrantes trabajaran los campos en tiempos de cosecha, permitieron que Rut recogiera lo que hubieran dejado los segadores.[2] Esta era una estrategia que les permitía a los pobres sobrevivir. Aunque era un trabajo peligroso para una viuda extranjera, Rut lo hizo. Una vez más, ella mostró su capacidad para resistir. Ahí yace el liderazgo de las latinas: aguantar sin importar las circunstancias.

## DIOS OBRA A TRAVÉS DE RUT

Rut encontró un sembradío que le permitió sustentarse a sí misma y a su suegra. El dueño de aquella tierra era un pariente lejano de Noemí llamado Booz. Estaba permitido por la ley que él se casara con Rut para sustentar a las dos viudas. Booz se percató de Rut y le ofreció su protección para que trabajara en aquel sembradío. Él le prometió que estaría segura en medio de hombres que hubieran podido aprovecharse de ella. También se aseguró de que pudiera cosechar lo suficiente como para que ella y Noemí se alimentaran bien.

Me parece evidente que ese era Dios obrando a través de Rut. A pesar de que ella no lo sabía, Dios estaba en control y la guio hacia aquel preciso sembradío. De ese modo Él mostró Su *kjésed* para Rut y Noemí. Esto nos muestra cómo Dios ha acompañado a los emigrantes desde el inicio de los tiempos. El Señor no abandonó a Rut y tampoco nos abandonará a nosotros hoy.

## UNA INICIATIVA ESCANDALOSA

Cuando Noemí se dio cuenta de que Booz era uno de los parientes que podía desposar a Rut para mantener el nombre familiar, comenzó a urdir un plan. Booz era un pariente capaz de redimirlas, según afirma la Biblia. Noemí le instruyó a Rut que fuera donde Booz en la noche y le destapara los pies. Esta orden sonaba tan atrevida en aquellos tiempos como hoy. Noemí deseaba que Rut propiciara una iniciativa bastante intrépida. Ya que estaban juntas, Rut decidió obedecer.

Aunque no sabemos con exactitud lo ocurrido la noche en que Rut destapó los pies de Booz, sin duda reconocemos que fue una acción extraordinaria de su parte. El plan de Noemí la ponía en una situación compleja; Rut no sabía si funcionaría. Sin embargo, su inquebrantable lealtad a su suegra la hizo proseguir. Esta parte de la historia revela la naturaleza estratégica de Noemí y la gran valentía de Rut.

## UNA DECISIÓN VALEROSA

Tras años de vivir en diversos lugares de Estados Unidos, mis abuelos se asentaron en Texas. Durante el trayecto, habían tenido más hijos, cinco para ser exactos: cuatro niñas y un niño. Ellos estaban creciendo en un pequeño pueblo en las afueras de Houston, pero el vecindario no era bueno. Mi abuela estaba preocupada, pues no lograba concebir un futuro para sus hijos en aquel sitio, ni un porvenir donde debían trabajar con su padre en los sembradíos. Ella deseaba estabilidad y con ese propósito comenzó a urdir un plan para mejorar el futuro de su familia. Mi abuela ahorró dinero de sus varios empleos y aseguró el pago inicial de una casa en un mejor vecindario. Así podría proteger a sus hijos de los peligros que había percibido en el lugar donde entonces vivían.

Con la intrepidez que solo tiene una latina que lucha por su familia, mi abuela tomó una decisión valerosa. Cuando llegó la época en que mi abuelo alistaba la familia para irse al norte para la temporada de trabajo, mi abuela se opuso. En una cultura patriarcal, negarse a la petición del esposo no es común. No obstante, ella estaba tomando en cuenta la necesidad de su familia de obtener estabilidad, sin importar las consecuencias que acaecieran. Ella le dijo a mi abuelo que él era libre de irse si quería, pero ella y los niños no lo seguirían. Ellos permanecerían allí. Aquella mujer que había dejado a su familia y a dos hijas en México décadas atrás, ahora establecía los límites. Su familia debía permanecer junta, pero no podían seguir como nómadas.

Un tanto reticente, mi abuelo aceptó. Esa decisión cambió el rumbo de nuestra historia familiar. De tener un padre trabajador emigrante, pasamos a tener un padre dueño de un pequeño negocio. La familia Garza se asentó en el pueblito El Campo, en Texas. Su hijo menor se graduó del colegio y se unió a la fuerza aérea. La víspera del inicio de su entrenamiento en Virginia, él se casó con su novia de colegio: Annie Quintero, mi madre.

Si mi abuela no hubiera decidido que la familia debía permanecer en un solo sitio, quién sabe cómo hubiera sido la vida de mi padre. ¿Hubiera conocido a mi madre? ¿Se hubiera graduado del colegio? Hoy estoy aquí gracias a la valentía de mi abuela, que provenía de su compromiso hacia aquellos que amaba.

Las líderes latinas llevamos esa intrepidez en la sangre. Descendemos de mujeres poderosas que allanaron el camino para nosotras. La historia de Rut culmina con un matrimonio y el nacimiento de un hijo llamado Obed, quien fue incluido en el linaje de Jesús. El hijo de una inmigrante moabita ocupó un lugar en la genealogía del Salvador. Rut no tenía idea del legado al que pertenecería en el futuro.

## DE LA HISTORIA DE RUT A LA TUYA

Vivimos en un país cuyo máximo líder inició su campaña presidencial con la afirmación de que las personas de México que venían a Estados Unidos no eran lo mejor ni lo más brillante de ese país. Sin embargo, cuando considero todo lo que mi abuela tuvo que soportar para sobrevivir en Estados Unidos, su ingenuidad y su voluntad, su fuerza y su inagotable esperanza, puedo notar los ideales norteamericanos de los cuales tanto se habla. Mi abuela sin duda es lo mejor y lo más brillante de México. Ella es una de las heroínas que cambió mi vida y me enseñó cómo ser una líder para mi familia y mi comunidad.

Es frecuente que Dios tome a los despreciados, los marginados, y los ubique en el centro de su misión redentora para el mundo. Al Señor le agrada manifestarse en los márgenes de la sociedad y obrar en lugares insospechados. En este mismo sentido, Dios se manifestó en la vida de Rut en maneras que nadie anticipó. En el mismo linaje que una viuda extranjera que experimentó tanto dolor, Dios decidió incluir a Su hijo Jesús, nuestro Redentor, aquel que trueca expectativas por medio del menor de nuestros hermanos.

¿Cuál será nuestro legado? ¿Seremos líderes valientes donde más nos necesitan por el bien de quienes amamos? ¿Avanzaremos con la fuerza de nuestros ancestros que nos alientan: «Resiste, mija»? Tenemos más para ofrecer de lo que creemos, incluso si en ocasiones nos sentimos como «extranjeros» en nuestra propia tierra. Dios parece disfrutar obrar por medio de personas que no esperamos para traer *shalom* (paz) al mundo.

La historia de Rut confirma que Dios es fiel a Sus promesas, aunque no logremos ver la solución. Como líderes latinas, no eludamos nuestro lugar en esta misión. Seamos como nuestra hermana moabita Rut, una inmigrante que mostró la *kjésed* de Dios a Su pueblo.

# 9

# TABITA

## MISIÓN INTEGRAL Y EN CONJUNTO

NOEMÍ VEGA QUIÑONES

Mi mami siempre cuidó a su familia mientras crecía. A los seis años, ella comenzó a vender ensalada de frutas con su abuelita frente a la casa; cuando cumplió 18 años de edad, se enlistó en clases de contabilidad. En la familia, el rancho y el vecindario todos saben que mi madre es una mujer generosa. Mientras yo crecía, mi papá trabajaba en los sembradíos de California con mi abuelita y le enviaba dinero a su familia fuera del país. Durante mi niñez, casi todos los veranos iba a México con mi familia en una camioneta Volkswagen repleta de costales llenos de regalos y ropa para nuestra familia y amigos. Aparte de las tiendas de segunda mano y las ventas de garaje, gozábamos de la bendición del programa de almuerzo gratis y las donaciones de juguetes del Ejército de Salvación. Desde ambos lados de la frontera recibíamos generosidad pura. Cuando llegábamos a México, la familia nos recibía con una cena, una cama, sábanas limpias, abrazos y besos.

La señora B. fue la primera líder generosa que conocí en Estados Unidos. Ella era una profesora latina bilingüe en mi escuela primaria que decidió ayudarnos a lidiar con el sistema educativo en nuestro nuevo hogar. Nosotros llegamos a Estados Unidos en agosto y yo entré al jardín de infantes en septiembre. Cuando la señora B. notó que yo estaba perdida en aquel ambiente, visitó a mis padres, les refirió información importante y les dio ánimo para que tomaran las decisiones más provechosas. Una de las iniciativas que tomamos fue hablar en inglés con mi papá y en español con mi mamá; así obtendríamos fluidez en ambos idiomas. También decidimos aprovechar las vacaciones entre el jardín de infantes y el primer grado para aprender tanto inglés como pudiéramos. La señora B. consiguió que un profesor de inglés nos diera clases particulares a mis hermanos menores y a mí. Mis padres todavía recuerdan el apoyo y las enseñanzas de la señora B.

Uno de los valores que conformaban su liderazgo eran las relaciones. Yo recuerdo a la señora B. más como amiga que como maestra. No estábamos juntas todo el tiempo, pero ella siempre nos trató con dignidad y bondad. La señora B. no nos consideraba inferiores, ni sentía lástima por nosotros, ni nos criticaba. Las iglesias hispano parlantes locales también nos trataron con decencia y ternura. Los miembros de la iglesia donde crecí (donde mi madre todavía se congrega) no eran solo unos desconocidos del domingo por la mañana; ellos se convirtieron en nuestra familia al formar relaciones genuinas con nosotros. Es cierto que ellos proveían alimentos, comunidad, ropa y otras cosas, pero también eran nuestra familia. Aquellas personas que desean ser líderes en ministerios de caridad y cuidado, de justicia para los marginados y los pobres harían bien en ver a estas personas como sus iguales, como personas dignas de amistad.

Todos aquellos que estén apasionados por eliminar la injusticia y modificar los sistemas que nos oprimen deberíamos examinar el liderazgo de las mujeres bíblicas que también ejercieron ministerios similares. Una de estas mujeres se llamaba Tabita en arameo y Dorcas en griego. Ella tenía un ministerio de gran influencia en Jope. El liderazgo influyente proviene de una vida dedicada a amar a Dios y al prójimo. Tabita era un ejemplo de un amor así; además, su liderazgo bendecía *y* empoderaba a su comunidad. Su ministerio estaba fundamentado en su contexto, estaba magníficamente integrado y en conjunto con la comunidad y era muy influyente. Un liderazgo hermoso (en todo sentido de la palabra) ocurre cuando quien da y quien recibe obtienen belleza, bondad, justicia y vida.

## LA HISTORIA DE TABITA

Tabita era una mujer llamada «hermosa» que vivía en una ciudad también llamada «hermosa», pero más conocida como Jope. Esta era una ciudad costera por donde pasaban muchos viajeros y comerciantes. Jope se traduce como «hermosa» y con un clima mediterráneo junto al mar puedo imaginar la razón. Puesto que era una ciudad portuaria, había mucha belleza, pero también mucho dolor, como ocurre en toda gran ciudad. En Hechos 9:36-43 se describe a Tabita como una mujer que «se esmeraba en hacer buenas obras y en ayudar a los pobres». En esencia, sus obras eran bellas y piadosas. Sin duda, había mucha demanda por este tipo de persona.

Los diferentes nombres de Tabita son reveladores. No sabemos mucho sobre su familia o sus orígenes, pero la Escritura afirma que la conocían tanto por su nombre arameo como por el griego. Ambos nombres se refieren a una gacela hembra, que es un símbolo de armonía y belleza. En Cantares, la amada también compara a su amado con una gacela (Cant. 2:9, LBLA). Los padres de Tabita la nombraron «bella»; imagino que la trataban con la gentileza adecuada. En su historia hay mucha belleza, pues nos muestra a una mujer que vivía en justicia y cuidaba de los pobres. Es crucial que consideremos estos rasgos para crecer en nuestro liderazgo e influencia.

Sin embargo, las obras de Tabita no eran lo único bello sobre esta mujer: ella también era una discípula devota de Jesús. Tabita escuchó el evangelio de Felipe, que enseñaba sobre la vida, la muerte y la resurrección de Cristo. La evangelización que Felipe llevó a cabo suscitó la formación de una comunidad de creyentes en Jope. Tabita formaba parte de esta comunidad y tomaba muy en serio el mensaje de Jesús de cuidar de los pobres y los necesitados (Mat. 5, Luc. 4, Isa. 58). Para ella, seguir el ejemplo de Jesús implicaba cuidar de los pobres y buscar la justicia (Miq. 6:8). Tabita era un ejemplo de misión integral, que está fundamentada en Cristo y en la justicia. La noción de *misión integral* proviene de teólogos sudamericanos como el ecuatoriano René Padilla y el peruano Samuel Escobar; también se la debemos a las teologías de liberación latinoamericanas promulgadas por sacerdotes como el peruano Gustavo Gutiérrez y el brasileño Leonardo Boff. Tabita era tan relevante en su comunidad que, cuando llegó el momento de crisis, todos aquellos a quienes ella había servido y aquellos que la habían ayudado en el ministerio procuraron ayudarla.

Un día, mientras Pedro estaba evangelizando a unas nueve millas (catorce kilómetros) al sur de Jope en un lugar llamado Lida, Tabita enfermó y murió. Entonces: «Pusieron el cadáver, después de lavarlo, en un cuarto de la planta alta» y la comunidad que Tabita había impactado lloró su pérdida. Luego enviaron a dos discípulos locales de Jesús (quienes también habían sido bendecidos por el ministerio de Tabita) a donde estaba Pedro para rogarle: «¡Por favor, venga usted a Jope en seguida!» (Hech. 9:37-38). Todos en la comunidad de Tabita a quienes ella había servido o que habían escuchado hablar de ella lamentaron su muerte. Cuando Pedro llegó a la casa, la Biblia afirma que: «Todas las viudas se presentaron, llorando y mostrándole las túnicas y otros vestidos que Dorcas había hecho cuando aún estaba con ellas» (Hech. 9:39). Todos, viudas y discípulos por igual, lloraban la muerte de una mujer que había impactado a la comunidad.

Pedro fue uno de los tres privilegiados que vieron a Jesús resucitar a una niña (Mar. 5:37-43). También estuvo ahí cuando la mujer con el sangrado detuvo a Jesús de camino a la casa de Jairo. Aunque ella no quiso interrumpirlo, Él se detuvo. Luego Jesús honró a Mija, Su hija marginada, y le regresó la dignidad y el ánimo para que dijera la verdad a todos (Luc. 8:47). Al relatar la historia de Tabita en Hechos 9, Lucas refleja Lucas 8:40-56. Esta referencia fue deliberada. Todavía más impactante es Marcos 5:41, cuando Jesús habla en arameo y afirma: «Talita cum», que significa: «Niña, a ti te digo, ¡levántate!». Quizás Pedro recordó esos momentos con Jesús ahora que enfrentaba algo similar. Pedro estaba rodeado de las viudas de Jope que le referían toda su verdad: «¡Mira estas túnicas! Tabita nos obsequiaba vestidos y nos protegía de las tormentas. ¿Qué haremos ahora que ha muerto?».

Me pregunto si Pedro, conmovido, recordó el poder de Jesús sobre la muerte en los casos de Mija y la hija de Jairo. ¿Le recordarían el poder de Dios aquellas memorias? Con su fe estimulada, Pedro, la roca, siguió el ejemplo de Jesús e hizo que todos salieran del cuarto. «Luego se puso de rodillas y oró» (Hech. 9:40). Pedro miró a Dorcas y dijo: «Tabita, levántate». Entonces ella abrió los ojos y vio a Pedro.

¿Cómo sabemos cuando el ministerio es hermoso y bueno? Sencillo: cuando existe la misión integral y toda la comunidad experimenta los frutos del Espíritu (Gál. 5:22-23). La iglesia primitiva presenció el hermoso poder del evangelio al observar un avivamiento personal y sistémico. Por el poder de Dios, Tabita fue resucitada. Ahora podía continuar ayudando a los necesitados. Hubo un avivamiento cuando Pedro: «... llamó a los creyentes y a las viudas, a quienes la presentó viva» (Hech. 9:41). Ellos vieron el milagro y compartieron las noticias con todo Jope. Hubo un avivamiento cuando muchos creyeron en Dios por causa de aquel testimonio y también cuando el poder de resurrección de Jesús se alojó en Tabita para permitir la continuación de su ministerio.

La historia de Tabita estaba llena de Jesús, de justicia, de bondad y de *shalom*. Es imposible aplacar noticias como esta.

## TABITA EN EL CONTEXTO LATINO

La historia de las mujeres latinas justicieras es un área que debe estudiarse. Historiadoras y teólogas latinas como Daisy Machado, María Pilar Aquino, Loida Martell-Otero, Zaida Maldonado Pérez, Elizabeth Conde-Frazier, Leticia Guardiola-Sáenz, Teresa Delgado, Arlene M. Sánchez-Walsh y muchas otras se han esforzado por revelar estas historias y las de nuestras abuelitas.[1] Una historia primordial es la de Helen Fabela Chávez y Dolores Huerta. Ellas jugaron papeles importantes y únicos en el United Farmworker Movement [Movimiento unido de trabajadores agrícolas]. Helen Chávez apoyó el movimiento con sus habilidades domésticas y administrativas; Dolores Huerta ayudó con sus habilidades como oradora y defensora.[2] Por causa de su fe, Chávez fue arrestada en 1966 junto a otros cleros que apoyaban la iniciativa de una huelga contra las condiciones de trabajo opresivas que instituían los propietarios de granjas Delano.[3] Tanto Huerta como Chávez son líderes latinas fuertes que ejemplificaron diversas formas de la misericordia y la justicia.

La reverenda Alexia Salvatierra y Lisa Rodríguez Watson son líderes latinas nacionales que han perfilado mi liderazgo de justicia inspirado en Tabita. Alexia es una ministra luterana y autora que está encabezando la Evangelical Immigration Table [Mesa evangélica de inmigración] y otros programas nacionales e internacionales de defensa social y de los inmigrantes. Su búsqueda de la justicia está fundamentada en Cristo y en Su amor por las personas. Alexia me ha instruido en el poder restaurador del evangelio y su impacto en la justicia, la misericordia, el amor y la fe. Su defensa de los pobres y los marginados, tanto cuando era estudiante de la Universidad de California en Santa Cruz, como en su actual papel como mentora de jóvenes latinas, siempre ha sido sustentado por el Espíritu y el amor de Dios. Ella no disocia la justicia de Jesús, porque hacerlo resultaría en un evangelio truncado o una justicia falsa.

Lisa Rodríguez Watson fue mi orientadora de InterVarsity Christian Fellowship desde el segundo año de universidad hasta que me gradué. En esa época, ella también era la directora de ministerios urbanos. En la actualidad, Lisa es la asistente del director nacional de Christian Community Development Association [Asociación cristiana de desarrollo comunitario]. Ella y su esposo, Matthew, eran los anfitriones de nuestras reuniones de liderazgo en su hogar en el centro de Fresno. Ellos nos compartían historias del favor de Dios hacia las personas en aquella área de pocos recursos. Lisa y Matthew han marcado profundamente mi vida y mi concepción de la justicia. Ellos me enseñaron que la justicia está fundamentada en el amor de Dios y se ejerce al amar a las personas en sus contextos.

Jamás olvidaré una conversación que tuve con Lisa en el semestre de otoño de mi segundo año de universidad. Me costaba tomarle el gusto a mi estudio bíblico porque casi nadie asistía. A veces solo iba yo. En ese tiempo yo quería visitar a mi familia cada fin de semana, aunque vivieran a dos horas de viaje. Yo no tenía ninguna visión para las personas o la vida fuera del campus. En mi ingenua opinión, Fresno era una desafortunada parada que debía tolerar en mi viaje a estudiar un posgrado. Lisa percibió la dureza en mi corazón y comentó: «Noemí, ven a nuestro programa de orientación Wise Old Owl [Anciano y sabio búho] en el centro de Fresno. Así podrás aprender más sobre la ciudad donde vives». Ese reto cambió el rumbo de mi vida en maneras imprevisibles.

La comunidad latina es famosa por sus fuertes lazos familiares. En mi segundo año de universidad, yo luchaba con la tensión entre amar y dedicarle tiempo a mi familia y estar presente en mi nueva ciudad y mi campus. Lauren Fernández es una ecuatoriana-irlandesa de segunda generación que también enfrentó este dilema. Por un tiempo, ella ayudó en el liderazgo de Villaluz, una comunidad misionera de habla hispana que forma parte de la Underground Church [Iglesia subterránea] en Tampa, Florida. Me encanta como Lauren explica la tensión entre amar a la familia y cuidar de la comunidad. Ella veía su estadía en Villaluz como una oportunidad para aumentar el tamaño de su parentela y lograr ser la familia de aquellos que habían sido forzados a dejar sus países de origen. Hasta el día de hoy, las hijas de la amiga hondureña de Lauren la llaman tía. Esas experiencias fortalecían la comunidad de inmigrantes de habla hispana de Lauren y la ayudaron a comprender mejor la historia y la marginación de su familia. Obtenemos una bendición mutua cuando cuidamos de nuestra familia *y* también ampliamos los límites de quienes aceptamos en ella.

Poco después de la invitación de Lisa, decidí darle una oportunidad a la nueva ciudad. Varios estudiantes de Fresno State y yo nos dirigíamos hacia los barrios pobres de la ciudad todos los miércoles. Allí pasábamos dos horas con los niños en nuestro programa de tutorías extra curricular. Al igual que ocurría con Tabita, nuestro servicio con las personas menos afortunadas estaba fundamentado en Jesús. Luego de llevar a los niños a sus casas, todos los tutores nos sentábamos en la sala de Randy White a leer la Biblia y a escuchar sobre el amor de Dios por los pobres, las viudas, los extranjeros y los oprimidos. Recuerdo con claridad que leíamos Isaías 58 y Lucas 4 y orábamos juntos por los niños y por nosotros. Así experimentamos una misión integral como jamás había visto.

Nuestra misión era cabal, porque no solo proveíamos un servicio, sino que también forjábamos amistades con los niños y sus familias. Esto implicaba escuchar sus preocupaciones sobre las políticas de la ciudad, los conflictos con sus arrendadores y ver las injustas condiciones de vida que soportaban. Años después, mientras ayudaba en otro vecindario, las madres de los niños finalmente se convirtieron en mis hermanas y maestras al enseñarme más sobre sus historias. Además, ahora veía a mis estudiantes a través de la fe. Sus padres conocían a Jehová-jireh de un modo que yo deseaba imitar, pero que había olvidado cómo. El programa de tutorías Wise Old Owl me llenó del amor de Jesús cuando experimenté Su compasión, justicia, bondad y *shalom*. En aquel vecindario presencié cómo la comunidad del Señor, proveniente de diferentes etnias y niveles socioeconómicos, aunaba sus esfuerzos como un solo cuerpo. Incluso pude ver a estudiantes de Fresno State llegar a Jesús tras conocer y entender Su amor por los pobres y los desamparados.

Para nosotras: la reverenda Alexia Salvatierra, Lisa Rodríguez Watson, Lauren Fernández, yo y tantas otras personas que ellas han orientado, las buenas nuevas de Cristo siempre tienen un impacto hermoso en la tierra, así como en el cielo. El reino de Dios se nos otorgó a través de la vida de Jesús. Él conquistó el mal, los principados y las potestades cuando derrotó la muerte en Su resurrección. El reino vendrá en todo su esplendor a medida que anhelemos la llegada de Cristo. El profeta Habacuc afirma: «Pues la visión se realizará en el tiempo señalado; marcha hacia su cumplimiento, y no dejará de cumplirse. Aunque parezca tardar, espérala; porque sin falta vendrá» (Hab. 2:3). Hasta entonces, unámonos a Cristo, así como lo hizo Tabita, y cultivemos una misión integral todos en conjunto.

## CARACTERÍSTICAS DEL LIDERAZGO DE TABITA

La historia de Tabita como nos la refiere Lucas exhibe muchas cualidades del liderazgo. No obstante, me concentraré solo en cuatro. Quizás los aspectos que resalte no sean demasiado evidentes en el texto, pero anhelo hacer conexiones adecuadas donde el texto deja espacio para la interpretación. El liderazgo de Tabita estaba fundamentado en su contexto, estaba magníficamente integrado, se realizaba en conjunto y era muy influyente. Cada una de estas cualidades estaba sostenida por un abundante amor por Dios que se desbordaba sobre su ministerio de servicio. Estos cuatro aspectos se superponen. Por ejemplo, una misión integrada requiere una adecuada contextualización y una misión en conjunto. No obstante, los analizaré por separado para resaltar cómo estas cualidades son cruciales para ser mujeres líderes de influencia.

*Fundamentado en su contexto.* Primero, el liderazgo de Tabita era *contextual.* A ella se la conoció tanto en un contexto arameo y caldeo como en uno griego. Este es el primer aspecto que el texto resalta (Hech. 9:36) y como tal es importante para comprender el estilo de ministerio de Tabita. Ella era una mujer conocida, hasta el punto de que todas las viudas y los creyentes de Jope lloraron su muerte. No obstante, además de los pobres y las viudas, las demás personas también amaban a Tabita. Ella ejerció su ministerio junto a personas de distintos grupos socioeconómicos. Este aspecto de su liderazgo era tan fuerte, que muchas personas la conocían por su nombre arameo y otras por el griego: para unos era Tabita, para otros era Dorcas. Ya que los nombres son una fuente significativa de identidad, podemos ver que el liderazgo de Tabita era de algún modo transcultural. Ella era deliberada en la *forma* en que otros la conocían, los *nombres* que utilizaba y el *alcance* de su ministerio en diferentes grupos humanos.

¿En qué sitios te conocen? ¿Dónde has tenido que aprender a interpretar lo que recibes para que calce en tu contexto? ¿Dónde has orientado a otros para comprender tu contexto y el de tu comunidad? A mi parecer, ser una mujer latina en Estados Unidos es esencialmente transcultural. Si formas parte de este sector demográfico, entonces leer este libro indica que has sabido integrarte al contexto educativo. Tu capacidad para integrar en tu contexto lo que estás aprendiendo muestra que puedes complementar tu vida con aquello que lees. Tu destreza para expresar a la cultura mayoritaria aquello que estudias y la manera en que concibes las situaciones demuestra que eres transcultural. De muchas formas, ya eres una líder similar a Tabita / Dorcas.

¿Alguna vez has conversado con alguien que te da un consejo sin escuchar el contexto completo de tu historia? Quizás te preguntaron cómo estabas y les respondiste honestamente que tenías un problema. Un par de minutos más tarde, te interrumpieron y te ofrecieron sus concejos sabios, incluso si no lo pediste. Este tipo de influencia es inconsecuente, pues no considera el contexto. La persona que te ofrece este tipo de consejos no conoce todos los detalles de la situación, así que procura rellenar los vacíos con sus propias experiencias y opiniones. Por desgracia, muchos de nosotros hacemos esto. No suelen tener mucho éxito aquellos negocios que creen estar solucionando un problema o supliendo una necesidad sin haber investigado a cabalidad el contexto. Lo mismo sucederá con los ministerios y las personas que buscan ayudar en un barrio de pocos recursos tras asumir que comprenden las dificultades porque pasaron allí un semestre o porque tienen un título avanzado. Estos esfuerzos no producirán un liderazgo sano, pues no se ha dedicado el tiempo necesario a entender el contexto y a construir relaciones auténticas.

Uno de mis mentores latinos ha sido el hondureño Abner Ramos. Cuando yo estaba por iniciar en mi nuevo trabajo en InterVarsity como especialista en relaciones con estudiantes latinos, él me aconsejó que primero debía asimilar el contexto de un lugar durante al menos un año antes de iniciar un proyecto nuevo. En cada lugar nuevo al que voy aplico este consejo. Esto me permite servir con humildad, amor y la disposición para escuchar a la comunidad primero. A pesar de que servía a estudiantes latinos como latina que soy, debía aplicar esta estrategia que se basa en las relaciones y la integridad.

*Magníficamente integrado*. Esta es la segunda característica de liderazgo de Tabita. Este aspecto se torna evidente a lo largo del pasaje mientras aparecen diferentes personajes. Jope era una bella ciudad con grandes problemas sociales. Entre la comunidad había muchos pobres y viudas, similar a tantas ciudades de hoy. Tabita ofrecía un servicio directo a estas personas mediante sus actos de caridad: ella tenía la habilidad de confeccionar túnicas y otros vestidos (Hech. 9:39). La Biblia no revela si Tabita tenía familia o si era pobre. Puesto que no se mencionan a sus parientes en el funeral, podemos concluir que quizás ella era viuda o una mujer soltera con muchos recursos económicos. Si Tabita era empresaria o si tenía una familia pudiente, de cualquier modo, era una mujer generosa.

Ella no solo confeccionaba túnicas, que se visten por fuera, sino también otras piezas de ropa. Las palabras que se utilizan en la versión NVI son «túnicas» y «otros vestidos», que son traducciones del griego. La primera palabra se refiere a una pieza de ropa que va en el exterior (como una chaqueta); la segunda es una pieza que va pegada al cuerpo (similar a una camiseta). De esto concluyo que Tabita deseaba cuidar de las personas de modo integral (Isa. 58; Luc. 4). Tabita ejercía un ministerio magníficamente integrado. Su amor por Jesús suscitaba el amor al prójimo, en especial a los pobres y a las viudas. Ella integró su ministerio con su discipulado, pues tenía amigos seguidores de Jesús que también se preocupaban por ella. Tabita, como discípula y agente de influencia, comprendía que el evangelio es inseparable de la justicia.

Los teólogos, los misioneros y los pastores de la comunidad latina en Estados Unidos comprenden y encarnan la misión integral. Desde la teología de la liberación católica hasta la misión integral protestante, los seguidores latinos de Jesús ejercen un ministerio integrado. Un misionero guatemalteco me comentó una vez: «Saciar el hambre física del pueblo es tan importante como suplir su necesidad espiritual. Si nuestros hermanos acuden hambrientos a la iglesia, no podrán concentrarse en el mensaje». Es decir, si las personas asisten a la iglesia con hambre física y solo reciben un mensaje, no comida ni compasión, entonces no han sido bendecidos con un evangelio integral. No se trata de un ideal social, sino de un fruto del evangelio, que tiene un impacto material y espiritual (como podemos ver en el ministerio de Tabita, en la historia de Zaqueo en Lucas 19 y en muchos otros ejemplos).

René Padilla desarrolló el concepto de misión integral. En su obra *Ensayos sobre el reino y la iglesia*, él define tres retos que enfrentamos hoy los cristianos: 1) integrar el evangelismo con el discipulado sin darle preponderancia a uno sobre el otro; 2) colaborar juntos entre diversos ministerios y de manera unificada; y, 3) asegurarnos de que los ministerios busquen el desarrollo y la justicia de cada comunidad de acuerdo a sus deseos en particular y no a los ideales de Estados Unidos.[4]

Padilla defiende las prácticas de desarrollo centradas en la justicia y que toman en cuenta la humanidad y la dignidad de la persona.

*En conjunto.* El llamado de Tabita a la justica lo respondieron las viudas. Este último año he quedado impresionada con la actividad del Espíritu Santo, que clama con nosotros frente al dolor del mundo. Nos lamentamos por causa de la realidad política actual, donde muchos de nuestros hermanos y hermanas corren el riesgo de ser deportados por el racismo y los prejuicios contra la comunidad latina y otras etnias. Clamamos porque nuestros hermanos han sido denominados «bad hombres» (malos hombres) y a nuestros hijos los han llamado sucios, perezosos o tontos. También lamentamos los miles de niños inmigrantes que fueron separados de sus padres. Clamamos todos en conjunto: «¡Esto no es correcto, ni bueno, ni justo!». El Espíritu Santo clama y se lamenta con nosotros; Él no nos abandona, sino que entiende el dolor, la pérdida y el sufrimiento de nuestra realidad actual. Gracias, Jesús, por tu Espíritu, que clama con nosotros, unidos y en conjunto.

El término *en conjunto* lo tomo de las teólogas latinas que exhiben una hermandad de unión y solidaridad. Esta idea proviene del concepto *comadreando*; es decir, tener amistades saludables y duraderas en la vida y el ministerio. El término *comadre* significa matrona, pero se utiliza cotidianamente en referencia a una buena amiga. «¡Ay, comadre, lo que tengo que contarle!». En esta sociedad obsesionada con la competencia y el éxito, es refrescante tener hermanas y comadres que desean lo mejor para nosotros. El término *amienemigo* debe desaparecer entre nosotros si queremos caminar juntos hacia Cristo y Su justicia. Tabita tenía comadres y compadres que se sentían fortalecidos por ella. ¿Imaginas lo que sucede cuando una líder rechaza el chisme, evita los celos y relega la necesidad del éxito personal? ¿Puedes ser una líder como Tabita, que fortalece a los demás mientras utiliza sus recursos y ejerce sus capacidades, que suple la escasez de otros mientras bendice sus voces y sus liderazgos?

Avanzar todos en conjunto es el estilo de liderazgo que mejor confronta el poder y el principado del aislamiento y el orgullo. Fuimos creados para pertenecer, caminar y permanecer en familia los unos con los otros. El liderazgo en conjunto es un testimonio poderoso que se opone al estilo egocéntrico y narcisista que está tan presente en el mundo. Por esa razón me encantó la idea de escribir esta obra junto a dos mujeres cuyos liderazgos y opiniones respeto. Al estar en conjunto, nuestras perspectivas apuntan a Jesús, pues nuestro amor y nuestra amistad se cimientan en Él. Este liderazgo es invencible y, por lo tanto, ejerce una gran influencia.

***Influyente.*** Tabita ejercía un liderazgo de impacto y justica, que emanaba de su vida con Cristo. Es interesante que *toda* la comunidad de Tabita lloró su muerte. Todos la amaban de tal manera que enviaron a dos hombres a buscar a Pedro. Ella había muerto y su cuerpo había sido lavado. No obstante, su comunidad deseaba intentar todo lo posible para restaurar su vida. Este pasaje fue muy significativo para la iglesia primitiva. Su propósito no solo fue solidificar a Pedro como la roca de la iglesia al mostrar que había sido ungido por Dios para realizar obras como las de Jesús, sino también mostrarle a la iglesia primitiva que el evangelio tiene consecuencias espirituales *y* materiales. Cuando predicamos las buenas nuevas a un pueblo, este vivirá en la belleza del reino de Dios, así como lo enseñó Cristo.

Cuando se vive el evangelio, las personas se interesan por sus hermanos desafortunados, los pobres, las viudas y los marginados. Esta es una consecuencia natural de las buenas nuevas de Jesús y es de gran impacto. Los avivamientos inician cuando compartimos historias de muerte a vida similares a las de Tabita. Existen contextos de muerte en nuestras comunidades que deben ser resucitados y ese poder solo se encuentra en Jesús. Nuestros cuerpos perecerán y el tiempo que tenemos disponible en la tierra acabará. Sin embargo, nuestra vida con Cristo y los demás hermanos creyentes es eterna. Declaremos la vida y la esperanza de resurrección para esos contextos de muerte y opresión. Seamos mujeres creyentes enamoradas de Cristo a tal punto que rebosemos una compasión capaz de influenciar nuestras acciones, de modo que vivamos en justicia, bondad, virtud y *shalom*.

## MUJERES COMO TABITA

Conozco a varias mujeres en Fresno y San Antonio que son la viva imagen de Tabita. Ellas aman al Señor y a Su pueblo. Yammilette Rodríguez fue pastora en United Faith Christian Fellowship [Hermandad cristiana de la fe unida] y actualmente es la directora de programas de la Youth Leadership Initiative [Iniciativa de liderazgo juvenil]. Ella y su esposo, el pastor Jim Rodríguez, me acogieron en su iglesia durante mi crisis de fe. En aquella época, me era difícil reconocer a Cristo en mi vida, pero la iglesia de ellos me ayudó a encontrar esperanza y a conocer más sobre Jesús. Durante mi primera visita a UFCF, la hermana Olga Quintanilla, la esposa del pastor principal, me dio un gran abrazo. Yo era una completa desconocida, pero ella me recibió como a una de sus hijas. Luego del culto, la hermana Olga trajo pan, postres y café. En un principio, supuse que la comida era para pasar un buen rato entre todos, y en parte así era, pero su propósito esencial era alimentarnos a los que estuviéramos hambrientos. Era común que las personas sin hogar, necesitados de ropa y comida fueran a la iglesia de UFCF a recibir un abrazo, alimentos y pan dulce con cafecito. Jamás olvidaré mi iglesia en Fresno y espero continuar en el amor de Jesús y la justicia que aprendí de ellos.

Una mujer llamada Jess también me instruyó en la voluntad de los marginados. Ella vino a Estados Unidos con su madre y ha cuidado de su familia desde que su padre los abandonó. Jess sobrevivió mucha violencia y abusos de su padre. Cuando quedó embarazada de joven, tuvo que dejar sus estudios. Ella vivía cerca de mí y la conocí en un programa de tutorías del vecindario. Jess asistía para ayudar a su hijo luego de la escuela y para apoyar a los demás niños del programa. Su gran amor por su hijo y su vecindario la ha puesto en el camino del liderazgo. Jess vive en un área de pocos recursos que ha sido soslayada por las autoridades de la ciudad. A pesar de todo, ella sigue luchando para ofrecerle a su hijo una mejor vida y para cuidar de su familia. Mientras más experimenta el amor de Jesús, más aprende que tiene voz, fuerza y liderazgo.

## MI HISTORIA ACTUAL

¿Cómo podemos tener una misión integral en una ciudad y un empleo nuevos? Esto me preguntaba yo en 2017 cuando me mudé de California a Texas. Entonces decidí seguir el ejemplo de Tabita y de otros líderes sabios que me precedieron. He decidido tomarme un año para aprender sobre la hermosa ciudad de San Antonio y sus retos sistémicos y espirituales. Mi estadía en Fresno me enseñó a amar y cuidar de la ciudad y sus habitantes, como nos manda el Señor. «Además, busquen el bienestar de la ciudad [...] y pidan al Señor por ella, porque el bienestar de ustedes depende del bienestar de la ciudad» (Jer. 29:7). Por otra parte, San Antonio me está enseñando que todo lugar tiene retos e historias propias. Mi anhelo como líder de área en InterVarsity y como teóloga latina en desarrollo es lograr encarnar un ministerio magníficamente integrado que provenga de mi amor hacia

Cristo. Deseo que las universidades de mi ciudad experimenten un avivamiento, que entre nosotros fluya la justicia y la virtud de Dios y que ocurra una transformación absoluta en mí y en todos nosotros, el pueblo del Señor.

## DE LA HISTORIA DE TABITA A LA TUYA

¿De qué manera otras personas te han bendecido con sus recursos? ¿Cómo has aprendido a interpretar tus experiencias para comunicárselas a personas con un trasfondo distinto?

¿Cómo bendecirás a otros en la medida en que adquieras nuevos regalos y recursos?

¿Quiénes son las «viudas» en tu vida a quienes puedes acompañar y fortalecer?

¿De qué manera vivirás un evangelio integrado? ¿Qué zonas de tu ciudad conoces bien? ¿Cómo podrías aprender más sobre ellas?

Si consideras tu liderazgo y tu impacto en la actualidad, ¿dónde puedes ejercer tu influencia? ¿Cómo podrías ser como Tabita / Dorcas y crear conexiones entre las personas a quienes influyes y aquellos que han sido olvidados en tu comunidad?

10

# LIDIA

## MUJERES Y HOMBRES ASOCIADOS EN EL EVANGELIO

NATALIA KOHN

Muchas mujeres de la comunidad latina tienen el corazón roto. Hay mujeres que fueron esposas alguna vez, pero la relación culminó; otras han sido traicionadas, o han crecido sin una figura paterna; y algunas han sido usadas y abusadas en sus relaciones con los hombres. Muchas de nuestras hermanas sufren. Quizás te identificas con tener el corazón roto por causa de un hombre en específico o de los hombres en general.

Las relaciones deshechas no constituyen un problema único de los latinos, sino de toda la sociedad. Cada día al encender mi teléfono, recibo noticias de hombres en Hollywood, en la política, en los negocios, incluso en el sector religioso, entre otros, a quienes se los acusa de mala conducta sexual. Luego descubro que son acusaciones múltiples que revelan estilos de vida deshonrosos y abusos del poder. No obstante, no son solo los hombres quienes abusan, sino también aquellas mujeres que perpetúan ese trauma en sus familias y sus contextos sociales. Es posible vivir con el corazón devastado, reaccionar al mundo desde el dolor y multiplicar el sufrimiento. Todo esto resulta en un círculo vicioso de miseria.

¿Estamos las mujeres y los hombres diseñados para guiar, ministrar y trabajar unidos para compartir el amor de Jesús? Las iglesias en varias culturas y denominaciones dividen su congregación por género. Es decir, se crean grupos de mujeres y hombres por separado, con responsabilidades de acuerdo a su género, para simplificar el trabajo mediante la instauración de una barrera de separación invisible. No es necesario ahondar en las refutaciones o las defensas teológicas de esas iniciativas. En pleno siglo XXI, muchas mujeres latinas no han tenido la oportunidad de experimentar asociaciones adecuadas entre hombres y mujeres que buscan proclamar el evangelio.

Existen relaciones quebrantadas alrededor nuestro y muchos las hemos experimentado directamente. Por desgracia, las iglesias no están propiciando la unidad adecuada entre hombres y mujeres. Sin embargo, a lo largo de este libro hemos visto como Dios el Padre, Jesús y el Espíritu Santo colaboraron con mujeres increíbles. En el capítulo presente, veremos al Espíritu de Dios y al apóstol Pablo unirse a Lidia, una líder magnífica. Aquí, tanto la perspectiva divina como la masculina afirman que las mujeres también pueden ser líderes.

## CARGAR CON EL QUEBRANTO

Ni en nuestras familias ni en la iglesia se empodera a las mujeres latinas de manera intencional en el diario vivir. Nosotras tenemos muchas responsabilidades que, por lo general, no se nos enseña a hacerlas con los hombres, sino para ellos y nuestras familias. Muchas de nuestras abuelitas y tías son como alcázares a los que acudimos para recibir inspiración y fuerzas. Hemos sido testigos de cómo nuestras predecesoras lucharon por la familia, para que las generaciones futuras pudieran tener las oportunidades que ellas jamás gozaron. Muchas de nosotras, hijas, nietas, sobrinas y amigas, solemos cargar con el dolor y la traición recurrentes en las generaciones pasadas. Esto puede afectar significativamente nuestra relación con los hombres. Esta verdad atroz quedó reflejada en la hermosa película animada de Disney / Pixar llamada *Coco*. La tatarabuela de nuestro héroe Miguel Rivera, fue herida por su esposo. Según ella, él dejó la familia para ser un músico famoso. Por eso ella les enseñó a las siguientes tres generaciones a desconfiar de la música y a eliminarla de sus vidas. Somos una comunidad que carga con lo bueno y lo malo que nuestra familia ha vivido. Aunque no lo aceptemos ni lo queramos, llevamos con nosotros el gozo y el pesar de quienes nos preceden y también de quienes nos acompañan hoy.

Durante años, cargué con el peso del machismo. Yo sentía que era demasiado fuerte y locuaz para mi familia. En mi crianza argentina-armenia, si una mujer mostraba aptitud para el liderazgo y deseaba guiar junto a un hombre, se la consideraba una «matcha», la versión femenina del macho. En esos casos, algunos miembros de la familia desaprobaban visiblemente la actitud para intentar apagar ese espíritu. Entonces aprendí los roles de género aceptados por los hombres argentinos y armenios y por mis tías, quienes temían que yo no fuera apta para el matrimonio. Ellas creían con aflicción que yo no les gustaría a los hombres y que no me elegirían. En cuanto al liderazgo espiritual, yo era insegura y dubitativa, pues no creía que hubiera un espacio para mí. Yo no crecí rodeada de asociaciones sanas entre hombres y mujeres en el ministerio. Por el contrario, durante mi adolescencia solo vi sufrimiento y decepción. Varios matrimonios cristianos en mi vida, mi iglesia y mi familia se estaban deshaciendo por causa del adulterio. Estos hombres infieles eran tíos, primos, pastores y, en fin, hombres que yo respetaba y en quienes confiaba. Por lo tanto, los matrimonios y los ministerios de hombres y mujeres me dejaron un legado repleto de dudas y no de inspiración o confianza.

El machismo se encuentra en muchas culturas y rechaza la colaboración y la unidad. Yo experimenté sus efectos varias veces durante mi primer año de instaurar sucursales en campus universitarios. Algunos jóvenes latinos no querían unirse al grupo en el campus porque mi operación no estaba siendo directamente supervisada por un hombre. No eran suficientes los diez años de ministerio que Dios me había permitido tener, la pasión, la visión y el deseo que yo exhibía por dedicar mi tiempo a orientar a los estudiantes hacia el liderazgo espiritual; y todo esto era insuficiente porque yo era del género incorrecto.

Un estudiante de primer año llamado Jaime era uno de los hombres que sostenían conversaciones para determinar si su presencia en el programa promovía lo que algunos de ellos consideraban opuesto a la Biblia. Jaime fue a conversar conmigo, pero no sospechaba lo similares que éramos. Pronto entablamos una amistad de hermanos. Él lidió con estos dilemas teológicos por más de un año, pues deseaba descifrar cómo una mujer podía motivarlo espiritualmente. Jaime estaba siendo guiado por una pastora, una hermana mayor, y al mismo tiempo estaba acercándose más a Cristo.

Todos somos distintos. Quizás tú has vivido más experiencias negativas que positivas con los hombres. Tómate un minuto para pedirle al Señor que te dé Su esperanza, Su verdad y Su cuidado. Dios quiere que tú, nuestras hermanas y yo vivamos nuevas historias. Ubiquemos las tensiones humanas en un lado y las historias bíblicas de redención en otro; luego fundamentemos nuestra posición en la verdad de que Dios anhela que experimentemos el cielo en nuestras relaciones terrenales. Ahora exploremos una historia del Nuevo Testamento donde se presenta una asociación evangélica, platónica y saludable que cambió el curso de la iglesia primitiva.

## ORIENTARNOS Y CONFIAR LOS UNOS EN LOS OTROS

La historia en cuestión se encuentra en Hechos 16 y ha sido estudiada e interpretada copiosamente desde la perspectiva de Pablo y sus acciones como misionero en persecución. Sin embargo, nosotros nos enfocaremos en Lidia y aprenderemos de su liderazgo y de la forma en que se afilió con un poderoso líder como Pablo. Se nos presenta a Lidia como una mujer soltera, de buena reputación y exitosa, vendiendo telas de púrpura. Podemos concluir que no estaba casada porque las tradiciones judías dictaban que el nombre de la mujer iba junto al de su esposo. Algunos arguyen que ella era soltera o viuda. Lidia formaba parte de un grupo de mujeres reunidas para adorar en las afueras de la ciudad junto a un río. Estas mujeres eran creyentes judías. Lidia provenía de Tiatira, una ciudad de Asia Menor, y en algún punto se había convertido al judaísmo. Ahora vivía en el distrito de Macedonia, en la ciudad de Filipos, una colonia romana. En esta ciudad había pocos creyentes judíos y no tenían sinagoga donde reunirse. Fue allí donde Lidia se encontró con Pablo y sus acompañantes. Ellos buscaban una sinagoga para conversar con los judíos sobre Jesús. No obstante, solo hallaron un grupo de mujeres creyentes que adoraban a Dios.

Lucas, el autor de Hechos, nos hace notar a Lidia desde el inicio al mostrarnos su transformación espiritual. En Hechos 16:14, leemos que ella escuchaba a Pablo cuando el Señor abrió su corazón para que respondiera al mensaje del apóstol sobre Jesús, el Redentor y Salvador del mundo. Lidia era una mujer líder que no aceptó a Jesús como si fuera algo de rutina, sino que de inmediato se bautizó, un acto que señalaba públicamente que ella creía en la verdad de Cristo y que seguiría Sus pasos. Lucas afirma que la familia de Lidia también se bautizó y participó de aquella declaración pública de salvación. Ella tomó la iniciativa e invitó a Pablo y sus acompañantes a hospedarse en su casa. Esta conducta expresaba su gratitud por medio de la hospitalidad, pero, además, mostraba que Lidia deseaba profundizar en su discipulado. El texto no revela cuánto tiempo Pablo y sus acompañantes permanecieron en la casa de Lidia. No obstante, podemos imaginar que ellos estaban discipulando aquel hogar con las buenas nuevas de Jesús. En Hechos 16:15, Lucas describe la pasión de Lidia por Jesús y también la persuasión y la constancia que exhibió al convencer a los hombres de hospedarse con ella y su familia.

Pasó un tiempo y, luego de sanar a una joven esclava endemoniada, Pablo y Silas fueron encarcelados. Luego de que un terremoto sacudió la prisión, el carcelero experimentó el amor de Jesús de manera sobrenatural. Después, el carcelero y su familia creyeron en Jesús y se bautizaron. Finalmente, Pablo y Silas quedan libres. ¿Hacia dónde fueron? Ellos regresaron al hogar de Lidia, donde la encontraron con nuevas hermanas y hermanos creyentes y se quedaron para darles ánimo. Luego se marcharon a Tesalónica, la ciudad capital de Macedonia. Aquel grupo se reunía en la casa de Lidia, donde crecía y construía su base en Jesús. Ella estaba ayudando a proveer seguridad para aquella iglesia en desarrollo, mientras los apóstoles eran perseguidos por su fe y su compromiso con Jesús. Todos trabajaban para promover el evangelio.

La historia de Lidia y Pablo es breve. Sin embargo, el nombre de ella, su estatus social y su transformación en la fe se plasmaron para que pudiéramos leerlos durante miles de años. Lidia no fue una sencilla mención honorífica de la iglesia primitiva, sino una líder innegable. Ella fue la primera de su ciudad y región en convertirse a Cristo e inmediatamente comenzó a discipular. Ese grupo de creyentes progresó y mantuvo una conexión y una amistad profundas con Pablo, como podemos ver en su epístola a los Filipenses. Pablo, Silas y el resto de su grupo fueron a otras ciudades, pero Lidia y su comunidad permanecieron en Filipos trabajando y mejorando una iglesia que vendría a ser un modelo para los creyentes en las generaciones futuras. Un comentarista afirma lo siguiente: «Aquella fue la primera congregación de Pablo en Filipos. ¡No muy prometedora! Todas eran mujeres, no tenían un lugar donde congregarse, ni prestigio, ni influencia en la ciudad. No obstante, aquella iglesia se convirtió en una de las más poderosas y más generosas de las que Pablo fundó. Sin duda, podemos concluir que Lidia tuvo un papel crucial en su crecimiento y desarrollo».[1]

Las mujeres en el liderazgo espiritual es un tema muy debatido en muchas comunidades de creyentes en la actualidad, incluso en las sociedades supuestamente progresistas. Las mujeres en Occidente deben lidiar con una discusión que suele ser denigrante y desalentadora. Solo imagina las mujeres de la Biblia que vivieron hace 2000 años. Sin duda, ellas enfrentaron obstinación y reproches de hombres y mujeres por igual. En aquel tiempo, no se estimaba demasiado a las mujeres, ni se las estimulaba en la sociedad, la educación, la familia o la comunidad de fe. No obstante, Pablo y sus colaboradores no concibieron a Lidia como un obstáculo, sino como una compañera y discípula. Ellos no se hubieran marchado a predicar el evangelio en otras ciudades de no haber confiado en ella. Lidia y Pablo era un equipo en Filipos y lo serían por mucho tiempo. Ellos demostraron una asociación espiritual entre hombre y mujer que era tan radical y profunda entonces como lo es hoy.

## HERMANAS Y HERMANOS, LÍDERES UNIDOS

Había colombianos, mexicanos, puertorriqueños, cubanos, argentinos, venezolanos, peruanos, guatemaltecos y tantos otros en un mismo lugar adorando a Jesús en español e inglés. Esa fue nuestra primera conferencia nacional de estudiantes latinos organizada por Latino Fellowship [Asociación latina] de InterVarsity, también conocida como LaFe (abreviación de Latino Fellowship y literalmente «la fe»).[2] El ambiente del encuentro era festivo y colorido. El lugar donde se realizó el plenario estaba repleto de risa y entusiasmo y la oradora principal de esa noche fue Sandra Van Opstal, una líder colombiana-argentina de Chicago. Orlando Crespo, nuestro director nacional en LaFe, presentó a Van Opstal, quien habló con pasión sobre la vida de Ester. Su discurso estableció la pauta para el resto de la conferencia. Yo veía y experimentaba todos los días como mujeres y hombres latinos se esforzaban juntos para servir a los estudiantes de todas partes del país.

Esa fue la primera vez que presencié a mujeres y hombres trabajando juntos como líderes. Aquellas hermanas eran valientes, confiadas y no estaban ocultas a la sombra de ningún hombre. Ellas eran líderes latinas que ocupaban el espacio que les correspondía. Este liderazgo cooperativo me reveló un aspecto del evangelio que no había considerado antes. Mi corazón se llenó de gratitud por estar en una comunidad donde se apoyaba el aprendizaje y el liderazgo en conjunto de hombres y mujeres. Yo era como una esponja ansiosa por absorber las experiencias y las hermosas relaciones como Dios las había previsto.

Esta comunidad me ha enseñado a no escapar del caos de las relaciones, sino a luchar por ellas con el poder del Espíritu Santo. Nosotros enfrentamos las injusticias de nuestra nación y anhelamos que la justicia de Dios nos cubra. Como hermanas y hermanos debíamos confrontar los problemas en busca de soluciones, pues comprendíamos el valor de cada persona y deseábamos que nuestra comunidad latina fuera segura y edificante. Así presenciamos cómo nos fortalecíamos y sanábamos las heridas del pasado y los pecados generacionales de nuestras familias. Aprendimos a luchar los unos por los otros, por nuestra gente y por nuestros estudiantes latinos, con sus culturas y contextos variados. Ellos me instruían y me apoyaban; eran mensajeros de redención en mi vida. Líderes como Jennifer Huerta Ball, Sandra Van Opstal, Joanne Acevedo, Orlando Crespo, René Aguirre y Ryan Pfeiffer me precedieron y modelaron asociaciones espirituales entre culturas y géneros diferentes. Entendieran o no ellos el poderoso ejemplo que ofrecían, Dios sabía que yo estaba siendo inspirada para vivir junto a los hombres en múltiples contextos. La relación entre hombres y mujeres cobró un nuevo sentido para mí. La amargura poco a poco se iba desvaneciendo para ser reemplazada por experiencias poderosas, alegres y de cualidades redentoras con mis hermanos de LaFe.

Dios está comprometido con la unidad familiar. Es importante notar que el término *familia* puede incluir tus compañeros en la fe, tus amigos o tus parientes de sangre. Podemos ver evidencia de esto en Hechos 16, donde en dos ocasiones el Señor se revela a familias enteras. Tanto Lidia como el carcelero tuvieron un encuentro con Jesús. Después, ambos fueron y les refirieron las buenas nuevas a sus familiares. Es claro que no deseaban privar a sus familias de la bondad eterna de Dios.

La mayor parte de mi ministerio universitario lo pasé en centros de estudios superiores donde los estudiantes generalmente vivían con su familia. Muchos de mis estudiantes latinos en varios campus compartían con sus padres y sus hermanos lo que habían aprendido sobre Cristo en un campamento de vacaciones de primavera, una conferencia o un estudio bíblico semanal. Durante esa época, escuché muchas historias hermosas e inspiradoras de estudiantes de menos de 20 años que llevaban a sus padres hacia Jesús, que luchaban y oraban por la salvación de sus primos o incluso sostenían conversaciones espirituales con sus hermanos hasta la madrugada. Estos jóvenes latinos eran primero líderes con sus familias, pues deseaban que Jesús los transformara a ellos y a sus parientes. Cuando una persona encuentra el amor de Jesús, el siguiente contexto que el Señor transforma es la familia.

## LA MALDICIÓN O LA CRUZ

Somos una comunidad que lleva su hogar a donde vayamos. Podemos concebir como un regalo que operemos en conjunto, y a veces con facilidad, con aquellos que nos rodean. Sin embargo, esto puede representar una carga si existe mucha disfuncionalidad, drama, trauma y relaciones no entregadas a la influencia de Jesús. Para muchas de nosotras que hemos sido heridas, la amargura y el resentimiento puede invadir nuestro corazón y suscitar desconfianza y falta de perdón. Aunque tenemos la intención de amar, podemos olvidar el perdón; pero esto no constituye una característica únicamente latina, sino una constante humana.

Esta disfuncionalidad se remonta a Adán y Eva, nuestros antepasados. En pecado y rebelión, *ambos* desobedecieron a Dios y, eventualmente, se enemistaron entre sí. *Ambos* fueron culpables de rebelarse y de quebrar la intimidad perfecta con el Dios del universo. Él, en Su amor, tuvo que castigarlos, porque ellos no podían lidiar con los deseos de la carne. Adán y Eva habían sido creados con el propósito de ser líderes del mundo en comunión con Dios. Desde el principio, el Señor anhelaba que domináramos juntos Su creación.

> Y Dios creó al ser humano a su imagen;
>   lo creó a imagen de Dios.
> Hombre y mujer los creó,
>   y los bendijo con estas palabras:
> «Sean fructíferos y multiplíquense;
>   llenen la tierra y sométanla;
> dominen a los peces del mar y a las aves del cielo,

y a todos los reptiles que se arrastran por el suelo».
(Gén. 1:27-28)

Él nos creó a Su imagen, nos bendijo para ser fructíferos y multiplicarnos, para llenar la tierra y someterla. Dios reveló Sus intenciones para la colaboración entre mujeres y hombres: construir y ser líderes de los hogares, las iglesias, los empleos y demás. Después, Adán y Eva se rebelaron contra Dios. Ellos habían creído la mentira de que estaban incompletos y que Dios los había privado de ciertas cosas. Unidos, se vieron obligados a vagar por un camino extenso de dolor, que también nosotros recorremos. Dios los castigó con maldiciones individuales que afloran en la vida diaria.

No obstante, Dios nos ama y nunca tuvo la intención de que esas maldiciones nos gobernaran. Él siempre estaría con Su pueblo para no dejar que el pecado se interpusiera entre nosotros y el amor de Dios. Entonces formuló un plan de salvación por medio de Jesús, Su único Hijo, quien dejó el cielo y se hizo hombre en un mundo perdido, donde ministró entre los soberbios, los pobres y los intocables. Él exhibió un amor y un poder perfectos que abundan en el cielo y deben ser extendidos por la tierra. Jesús fue a la cruz, que representa la traición humana, y cargó con los pecados de la humanidad. Esto es algo que jamás explicaremos o entenderemos a cabalidad. Él llevó consigo todas las maldiciones y el pecado para liberarnos de los hechos en Génesis 3. Todavía no podemos estar en perfecta comunión con Dios. Aún sufrimos de enfermedades, dolencias y relaciones disfuncionales. No obstante, la cruz de Jesús nos da esperanza, nos permite anhelar y pedir que Su poder sobrenatural llene nuestras relaciones. Ahora podemos vivir en la verdad y la esperanza de la cruz. Cada día tenemos la opción de ceder a las maldiciones o vivir el poder de la cruz. Ambas opciones se presentan en nuestra vida, pero una nos da la victoria y la otra solo ofrece muerte.

La cruz conquista los corazones de las personas y Jesús lucha nuestras batallas por nosotros. Yo estaba creando un nuevo ministerio sola, de modo que no tenía la energía para convencer a Jaime de que yo era una líder y una compañera valiosa. Yo decidí ser su amiga y permitir que Jesús lidiara con lo demás, pues el Señor es quien forja las relaciones espirituales. Durante aquel primer año en la comunidad del campus, la cruz y el amor de Cristo, que transforman los corazones, se alojaron en Jaime y permitieron nuestra asociación. Él llegó a formar parte del equipo central que instauró el ministerio de ya más de una década. Durante nuestros tres años de trabajo juntos, Jaime fue parte de dos viajes que hicimos a Turquía para amar y ministrar a estudiantes universitarios en la residencia estudiantil. Él y yo hemos sido amigos por casi una década. No solo fuimos hermanos en el ministerio, sino que Jaime llegó a proteger y apreciar mi liderazgo espiritual en su vida.

Con el transcurso de los años, Jaime sintió la necesidad de disculparse por haber sido uno de esos hombres que se burlan de las mujeres líderes. Hace algunos meses, él sostuvo un debate en línea con uno de los antiguos estudiantes hombres que se oponían al liderazgo femenino. Esta vez, Jaime defendió el liderazgo de las mujeres y arguyó que nosotras somos discípulas y mensajeras poderosas del evangelio. Le agradezco a Dios que nos haya mostrado estas verdades y nos haya permitido ser amigos y compañeros. Además, estoy agradecida porque el Señor no dejó que en mi corazón se alojara el resentimiento hacia mis estudiantes y mis colaboradores hombres. El Espíritu de Dios no desea que las mujeres líderes desarrollemos amargura en el reino. Descubrí que, si me sometía al Señor en vez de procurar defenderme, Él me proporcionaría los compañeros adecuados y así podría experimentar Su paz y Su gozo.

El perdón y la defensa mutua y la reconciliación racial son los actos de la cruz. Jesús nos invita a vivir correctamente y en justicia cada día. Nosotros, como latinos, podemos revelar el poder y la verdad de la cruz al permitir que Cristo supervise nuestras amistades y relaciones que requieren sanidad. Podemos ser hermanos y hermanas, antes que nada. Debemos unirnos a los pies de Jesús y pedirle que redima las maldiciones generacionales que afectan nuestras vidas. El amor que Cristo exhibió en Su vida tiene el poder de cambiar nuestras relaciones.

De manera similar a la asociación entre Lidia y Pablo, las relaciones entre mujeres y hombres latinos deben ser radicales y activas, que provoquen curiosidad y progreso. Tratemos de experimentar la cruz en nuestras relaciones y evitemos las disfunciones pasadas. ¿No estás cansada de presenciar cómo este trauma se perpetúa en nuestras familias y comunidades? Ya es hora de unirnos a nuestros hermanos y ser compañeros en el evangelio para ser redimidos por Jesús. El plan original era que pudiéramos experimentar la bondad del Señor los unos con los otros como hijas e hijos. Ese es el magnífico anhelo de Jesús y la verdad que expresa la Biblia. Esa también es la libertad y la vida que Dios nos invita a experimentar continuamente en Su presencia.

Pablo, considerado el mejor misionero de la fe cristiana aparte de Jesús, percibió la capacidad de Lidia para ser su compañera en la misión. Pablo vivía en el poder de la cruz, rechazaba el orgullo humano, ignoraba este tipo de competencia, rechazaba el machismo y había renunciado a la maldición. El ejemplo del apóstol Pablo nos indica que existen hombres que desean trabajar en conjunto con las mujeres para expandir el reino de Dios y el mensaje de Cristo. Asociémonos con aquellos hombres que han superado la maldición y buscan el poder de la cruz para influenciar a nuestras familias, comunidades y al mundo entero.

## DE LA HISTORIA DE LIDIA A LA TUYA

Como mujeres líderes en desarrollo, debemos ser deliberadas en nuestras interacciones con los hombres, pues nuestras acciones impactan, positiva o negativamente, a quienes nos rodean. Esto no implica una decisión única, sino un esfuerzo comprometido y constante. Dios es fiel y trae diferentes compañeros en el evangelio a nuestra vida. En ocasiones, deberás elegir la cruz y no la maldición que el mundo, e incluso la iglesia, ha normalizado. Así como Lidia y Pablo, nosotras encarnamos el evangelio. Muchas personas solo conocerán sobre Jesús a través de nosotros. Esto nos ocurrió a Jaime y a mí en Turquía, pues la mayoría de aquellos estudiantes jamás había conocido a un cristiano. Yo estaba encantada de que nuestro equipo tuviera una hermandad entre géneros y que nuestros hermanos trataran a las mujeres como a iguales. Este tipo de asociaciones requieren intencionalidad y compromiso. ¿Qué clase de líder latina serás al interactuar o trabajar con hombres?

Nuestro liderazgo junto a los hombres tiene la capacidad de inspirar a otras personas. Un liderazgo que glorifica a Dios inspira y anima a los demás. Los hombres y las mujeres como yo están deseosos de construir una unidad y comunión saludables entre ambos géneros. Todo el tiempo nos bombardean con divorcio, conflictos y adulterio. No obstante, recae sobre nosotros, hombres y mujeres, unificarnos para mostrarle al mundo cómo Dios quiere que vivamos. Existen muchas personas y hogares que desesperadamente requieren una transformación.

¡Adelante, hermanas! Sigamos el ejemplo de Lidia y Pablo, iniciemos conversaciones espirituales y profundas con nuestra influencia, liderazgo y colaboración. No dudo que el Espíritu Santo nos guiará hacia amistades saludables y transformadoras con nuestros hermanos. El Espíritu de Dios es quien nos orienta, nos une y nos inspira. Solo debemos adoptar Sus ideas renovadoras y su inspiración que nos transforma.

## UNA ORACIÓN

Jesús, sana mis heridas y elimina el dolor relacionado a mis hermanos. Muéstrame cómo perdonar donde sea necesario. Ayúdame a ver a los hombres como tus hijos y mis compañeros en el reino. Señor, úsame para mostrarle al mundo la relación entre hombres y mujeres que tú concebiste desde la creación. Amén.

11

# DÉBORA

## UNA MUJER GUERRERA QUE LUCHA POR SU GENTE

KRISTY GARZA ROBINSON

Yo estaba en una clase del seminario observando como una multitud de hombres se amontonaba alrededor del profesor. Él había defendido el liderazgo de las mujeres en la iglesia y aquellos hombres tenían objeciones y cuestionamientos. Su mayor argumento era el versículo en 1 Timoteo que afirma que las mujeres deben aprender en silencio y con serenidad. Ellos ofrecieron varios versículos similares y preguntas constantes. Sin embargo, no había una sola mujer en aquel grupo tan insistente. Recuerdo que pensé: *¿No se dan cuenta de que no están discutiendo un problema como cualquier otro, sino mi presencia misma en este lugar? ¿No comprenden cómo se siente alguien cuando es objeto de debate? Para mí es personal; no se trata de un mero conflicto teológico. Esto implica mi propio cuerpo.*

La teología que le impide a las mujeres ocupar posiciones de liderazgo en la iglesia ha sido un gran dilema para muchas de nosotras; quizás ha sido particularmente difícil para las mujeres de color. ¿Nos recibirán con nuestros talentos en el cuerpo de Cristo? ¿Nos tomarán en cuenta? ¿Nos honrarán? Como mujer latina en un seminario, ¿me observarán con sospecha o me animarán como a mis hermanos? Este tipo de preguntas ha provocado que la historia de Débora sea tan importante para mí.

## UNA JUEZA EN ISRAEL; EXPANDAMOS NUESTRA IMAGINACIÓN

La historia de Débora se narra en Jueces, un libro lleno de líderes hombres. No obstante, en el capítulo 4 se incluye a Débora en la lista como la única jueza. Los primeros versículos del capítulo 4 describen el contexto histórico: Israel era oprimida por Jabín, el rey cananeo en Jazor, y Sísara, el jefe de su ejército. El versículo 3 revela que Jabín tenía 900 carros de hierro y había oprimido con crueldad a los israelitas por 20 años. Entonces: «Los israelitas clamaron al Señor» (Jue. 4:3). La respuesta de Dios fue Débora, una profetiza y la primera jueza.

Cuando nominaron a Sonia Sotomayor como jueza de la Corte suprema, me puse un poco emocional. Ver que una latina alcanzaba un lugar de tanto prestigio era crucial para mí e impactaba mi identidad. Que una mujer similar a mi ocupara ese puesto estimuló mi imaginación de manera excepcional. Ahora las niñas latinas, incluyendo a mis dos hijas, crecerían con la certeza de que es posible ocupar algunos de los puestos de mayor autoridad en el país.

Cuando leo el Libro de Jueces y veo el nombre de Débora, experimento una emoción similar. Ella fue la primera y única jueza en la historia de Israel. Aunque la Biblia no lo afirma, asumo que fue difícil ser la primera jueza. Los eruditos bíblicos explican que estas historias ocurrieron en un contexto de patriarcado. Aunque la Biblia incluye muchas líderes mujeres, sus historias son mayoritariamente escritas por hombres y sobre hombres. Todavía hoy puedes encontrar hombres teólogos que procuran minimizar el liderazgo de Débora.

La cultura latina corresponde en muchos aspectos con las culturas de patriarcado. Cuando mi tía decidió ir a la universidad como la primera y la única en su familia en procurar una educación de nivel superior, su padre respondió: «¿Para qué?». ¿Por qué querría una mujer ir a la universidad? Ella persistió y obtuvo una licenciatura en sociología; después desarrolló su carrera como trabajadora social. Ella fue la primera. Cuando fue mi turno de ir a la universidad, la pregunta no era *si* iba a ir, sino a *cuál* iría. Las líderes que nos precedieron allanaron el camino para nosotras.

Cuando estaba decidiendo si asistir o no al seminario, me motivaba la posibilidad de que mis hijas me vieran abrir nuevas oportunidades para ellas. Yo había escuchado que existían pocas latinas en el campo teológico. La manera de cambiar este hecho era seguir el ejemplo de otras latinas que lucharon por cambiar la historia. Yo poseía dones y habilidades que debían subir de nivel. Mi esposo había tomado la iniciativa: había obtenido una maestría y se encontraba trabajando en su doctorado. ¿Qué sucedería si mis hijas concluyeran que en nuestra familia solo los hombres podían tomar esas oportunidades? Esto no podía suceder. Entonces decidí que yo también tomaría la iniciativa con la esperanza de permitirles a otras líderes latinas en desarrollo tener una mayor visión del futuro.

Me parece impactante que Dios, ante el clamor de Su pueblo, decidiera comunicar Su plan de redención a través de una mujer líder. Aunque el lenguaje utilizado en Jueces 4:4 evoca el que encontramos en Éxodo en referencia a Moisés, esta vez Dios envió a una líder para responder el llamado de Su pueblo. Como madre, escuchar el lamento de un hijo produce en mí una reacción instintiva. Si en esos casos estoy dispuesta a responder sin demora ni excusas, quizás es relevante que en aquella ocasión Dios decidió responderle a Su pueblo a través de una mujer líder, en lugar de otro hombre.

## UNA PROFETIZA QUE LLEVA LA PALABRA DE DIOS

Débora no solo fue jueza, sino también profetiza. Ella fue vocera de Dios y le habló al pueblo en Su lugar. Pocas mujeres en la Biblia obtuvieron el título de profetiza. Débora fue la única jueza y una de las pocas profetizas que conocemos. Ella fue una líder de una influencia que no puedo concebir del todo.

Aquel día en que mis compañeros asediaron al profesor con objeciones sobre el liderazgo de las mujeres, me acerqué al profesor luego de que se dispersó el grupo. Él me explicó las objeciones de mis compañeros. Yo respondí frustrada: «Por supuesto que mencionaron el versículo sobre aprender en silencio. Claro que sí». Me alejé enojada, pero decidí superarlo. Yo debía seguir tomando clases con aquellos hombres, de modo que no podía dejar que la decepción me inquietara.

Cuando acabó nuestro curso, el profesor ministró un tiempo de oración grupal, donde podíamos confesarnos la verdad los unos a los otros si así lo decidíamos. Él se me acercó y preguntó si podía orar por mí. Al iniciar, él le rogó a Dios que yo fuera como la profetiza y líder Débora, que le dio a conocer al pueblo la Palabra del Señor para fortalecerlos. Durante la oración, sentí que Dios me invitaba a aceptar aquellas palabras. ¿Podría yo ser como Débora? ¿Sería posible que su presencia en la Biblia expandiera mi perspectiva? Yo deseaba que todo esto se cumpliera en mi vida.

Débora se convirtió en un factor crucial en aquella historia y rescató al pueblo de Dios de la mano de sus enemigos Jabín y Sísara. Débora fue quien mandó a llamar a Barac, el comandante del ejército de Israel, y le reveló que Dios deseaba que lucharan contra el ejército enemigo a pesar de las diferencias de fuerza y recursos. El Señor les daría la victoria y Débora lo sabía cuando habló con Barac.

Sin embargo, Barac le pidió a Débora que lo acompañara. La Escritura no explica demasiado esta petición. No obstante, quizás Barac sabía que Débora hablaba con Dios y él deseaba estar cerca del Señor durante aquella operación militar en apariencia arriesgada. Débora aceptó, pero le advirtió que, por causa de su petición, ya no recibiría él la gloria, sino una mujer.

Al igual que Débora, yo también deseaba que mi opinión fuera relevante en el reino de Dios. Recuerdo con claridad mi primera predicación. Yo tenía un mensaje que mi audiencia de hombres y mujeres necesitaba escuchar. Cuando subí al púlpito, recordé la oración de mi profesor. Luego pensé: *¡Entonces esto significa darles a conocer a las personas el mensaje de Dios para fortalecerlos! Además, lo hago con mi propia identidad y género, no como un hombre blanco, sino como una mujer mexicana-estadounidense.*

Miré al mar de rostros frente a mí; percibí sus miradas. Después concluí que aquel era mi llamado, aunque me aterrara y me hiciera sentir vulnerable. Yo cumplía mi llamado cuando hacía lo mejor posible mi trabajo como madre y mujer: nutrir a otros con el pan de vida, el sustento que viene de la Palabra de Dios. Las mujeres en mi familia me habían mostrado el camino del servicio constante y de ofrecer lo mejor de la cultura latina: ellas mismas.

## UNA LÍDER MILITAR, ASOCIADOS EN LA MISIÓN

Débora acompañó a Barac al campo de batalla y continuó recibiendo las órdenes de Dios. Ella le avisaba a Barac cuándo debía luchar y le recordaba que Dios había asegurado la victoria sin importar las apariencias de la situación. Ambos avanzaron juntos y sus enemigos fueron destruidos, incluyendo al líder Sísara, muerto a manos de una mujer llamada Jael. Esto confirmaba la profecía de Débora: la victoria la traería una mujer.

Al igual que sucedió con Débora y Barac, con frecuencia he ejercido el liderazgo junto a mi esposo, Eric, y otros hombres del ministerio. Siempre he tenido la oportunidad de utilizar mis dones en los proyectos y me ha ido incluso mejor con un compañero. Así como Débora, yo también me he desarrollado en contextos patriarcales con preferencias por el liderazgo de los hombres.

Cuando mi esposo y yo compartíamos el liderazgo en un ministerio universitario latino en Texas, el proyecto creció de unos 8 estudiantes hasta 80 en un solo año. Esto nos emocionaba a nosotros y a la organización con la que trabajábamos. Tan contentos estaban ellos, que incluyeron esas estadísticas en las noticias del ministerio: «El poder de un individuo: Eric Robinson hizo crecer un ministerio latino de 8 personas a 100 en un solo año». No reparemos en la exageración de las estadísticas, ¡lo peor es que no me incluyeron! Aunque durante años ofrecí mi esfuerzo, había pasado desapercibido la mayor parte del tiempo.

Sin embargo, al estudiar las historias de líderes de la Biblia como Débora y descubrir las experiencias de otras mujeres latinas actuales, recordé que ellas allanaron el camino para nosotras. Esas mujeres ofrecieron lo mejor de sí mismas donde las hubiera puesto el Señor, sin importar el contexto cultural. Un ejemplo de ello es Ruth Padilla Deborst, una prominente y relevante figura en la misionología. También está Alexia Salvatierra, una latina que lucha por medio de sus libros, conferencias y otras actividades de apoyo por todo Estados Unidos. La conocí por primera vez a través de ciertos hombres que ella orientaba y aconsejaba sobre el ministerio y sobre cómo ser fieles al evangelio, en discurso y en hechos. Estas valientes latinas seguidoras de Cristo, entre tantas otras, son las hermanas, la gran multitud de testigos, que me fortalecen y me animan para seguir luchando.

## LA CANCIÓN DE DÉBORA: UNA MADRE CON UN LIDERAZGO HOSPITALARIO

Tras la batalla en Jueces 4, el capítulo siguiente presenta un canto poético escrito por Débora después de alcanzar la victoria.

> Aquel día Débora y Barac hijo de Abinoán entonaron este canto:
>
> «Cuando los príncipes de Israel toman el mando,
> cuando el pueblo se ofrece voluntariamente,
> ¡bendito sea el Señor!
>
> »¡Oigan, reyes! ¡Escuchen, gobernantes!
> Yo cantaré, cantaré al Señor;
> tocaré música al Señor, el Dios de Israel.
>
> »Oh Señor, cuando saliste de Seír,
> cuando marchaste desde los campos de Edom,
> tembló la tierra,
> se estremecieron los cielos,
> las nubes derramaron agua.

Temblaron las montañas
al ver al Señor, el Dios del Sinaí;
al ver al Señor, el Dios de Israel.

»En los días de Samgar hijo de Anat,
en los días de Jael,
los viajeros abandonaron los caminos
y se fueron por sendas escabrosas.
Los guerreros de Israel desaparecieron;
desaparecieron hasta que yo me levanté.
¡Yo, Débora, me levanté
como una madre en Israel!
Cuando escogieron nuevos dioses,
llegó la guerra a las puertas de la ciudad,
pero no se veía ni un escudo ni una lanza
entre cuarenta mil hombres de Israel.
Mi corazón está con los príncipes de Israel,
con los voluntarios del pueblo.
¡Bendito sea el Señor!

»Ustedes, los que montan asnas blancas
y se sientan sobre tapices,
y ustedes, los que andan por el camino,
¡pónganse a pensar!
La voz de los que cantan en los abrevaderos
relata los actos de justicia del Señor,
los actos de justicia de sus guerreros en Israel.
Entonces el ejército del Señor
descendió a las puertas de la ciudad.

»¡Despierta, despierta, Débora!
¡Despierta, despierta, y entona una canción!
¡Levántate, Barac!

Lleva cautivos a tus prisioneros,
oh hijo de Abinoán.

»Los sobrevivientes
descendieron con los nobles;
el ejército del Señor
vino a mí con los valientes.
Algunos venían de Efraín,
cuyas raíces estaban en Amalec;
Benjamín estaba con el pueblo que te seguía.
Desde Maquir bajaron capitanes;
desde Zabulón, los que llevan el bastón de mando.
Con Débora estaban los príncipes de Isacar;
Isacar estaba con Barac,
y tras él se lanzó hasta el valle.
En los distritos de Rubén
hay grandes resoluciones.
¿Por qué permaneciste entre las fogatas
escuchando los silbidos para llamar a los rebaños?
En los distritos de Rubén
hay grandes titubeos.
Galaad habitó más allá del Jordán.
Y Dan, ¿por qué se quedó junto a los barcos?
Aser se quedó en la costa del mar;
permaneció en sus ensenadas.
El pueblo de Zabulón arriesgó la vida
hasta la muerte misma,
a ejemplo de Neftalí
en las alturas del campo.

»Los reyes vinieron y lucharon
junto a las aguas de Meguido;
los reyes de Canaán lucharon en Tanac,

pero no se llevaron plata ni botín.
Desde los cielos lucharon las estrellas,
desde sus órbitas lucharon contra Sísara.
El torrente Quisón los arrastró;
el torrente antiguo, el torrente Quisón.
¡Marcha, alma mía, con vigor!
Resonaron entonces los cascos equinos;
¡galopan, galopan sus briosos corceles!
"Maldice a Meroz —dijo el ángel del Señor—.
Maldice a sus habitantes con dureza,
porque no vinieron en ayuda del Señor,
en ayuda del Señor y de sus valientes".

»¡Sea Jael, esposa de Héber el quenita,
la más bendita entre las mujeres,
la más bendita entre las mujeres
que habitan en carpas!
Sísara pidió agua, Jael le dio leche;
en taza de nobles le ofreció leche cuajada.
Su mano izquierda tomó la estaca,
su mano derecha, el mazo de trabajo.
Golpeó a Sísara, le machacó la cabeza
y lo remató atravesándole las sienes.
A los pies de ella se desplomó;
allí cayó y quedó tendido.
Cayó desplomado a sus pies;
allí donde cayó, quedó muerto.

»Por la ventana se asoma la madre de Sísara;
tras la celosía clama a gritos:
"¿Por qué se demora su carro en venir?
¿Por qué se atrasa el estruendo de sus carros?"
Las más sabias de sus damas le responden;

y ella se repite a sí misma:
"Seguramente se están repartiendo
el botín arrebatado al enemigo:
una muchacha o dos para cada guerrero;
telas de colores como botín para Sísara;
una tela, dos telas, de colores
bordadas para mi cuello.
¡Todo esto como botín!"

»¡Así perezcan todos tus enemigos, oh Señor!
Pero los que te aman sean como el sol
cuando sale en todo su esplendor». (Jue. 5)

Débora inició alabando a Dios por la victoria y luego describió con detalle la derrota de los cananeos. También mencionó a las tribus que no lucharon y elogió a las que sí arriesgaron sus vidas. Débora mencionó el papel de Jael en la victoria y detalló su parte en la derrota de Sísara. El canto pareciera estar empapado de una metáfora sobre la maternidad. En él se compara la madre de Sísara, que esperaba a su hijo de manera consentida, con Débora, «una madre en Israel».

Débora es el hermoso epítome del liderazgo. Aunque no sabemos si era madre, su puesto y su actitud hacia Israel estaban marcados por un amor maternal. Ella era una jueza que guiaba a su pueblo correctamente. Su liderazgo estaba marcado por el lenguaje y los actos maternales. Las madres siempre han sido líderes en el Antiguo y el Nuevo Testamento, incluso en las sociedades y culturas patriarcales. Las normas sociales no las disuadieron de ejercer sus dones, en ocasiones, junto a un hombre.

Además de escribir una canción sobre la victoria suya y de Barac, Débora incluye a otra mujer crucial en la narrativa. Jael no se hallaba en el meollo del drama, pero aun así mató al líder enemigo de un modo brutal. Ella le clavó en la sien a Sísara una estaca de su carpa y así concluyó la derrota de los cananeos. Lo crucial sobre este canto de victoria militar es que las mujeres son las protagonistas. Débora se incluye entre los héroes y heroínas y explica el mal estado de la nación antes de que ella llegara «como una madre en Israel». Además, ella les da su lugar a las personas que participaron en la victoria. Débora exalta al ejército que luchó con valentía, a Barac como su compañero de batalla y a Jael como una guerrera. Puesto que Débora fue la autora de la canción, ella pudo haberse exaltado a sí misma y a nadie más. No obstante, ella honró a todos los que intervinieron y sobre todo al Dios de Israel, quien gobierna la creación. El canto de Débora es un magnífico poema y uno de los textos más antiguos de la Biblia.

Como mujer mexicana-estadounidense criada en una familia y una cultura que exalta al hombre sobre la mujer, me parece muy estimulante ver cómo Débora pudo ser la protagonista de su propia canción. A las mujeres de color se nos mira con sospecha cuando queremos adquirir influencia en ciertos espacios y admitir con dignidad nuestros logros. Con frecuencia nos tachan de «orgullosas» o «arrogantes». No obstante, cuando se trata de una comunidad marginada, reconocer con objetividad nuestros logros representa una dificultad que las personas en contextos privilegiados no comprenden del todo. Con frecuencia titubeamos en afirmar nuestros dones y preferimos que otros lo hagan por nosotros. Sin embargo, cuando otras mujeres de color se levantan confiadas, fuertes y con la autoridad de sus talentos, me siento animada por ellas. De algún modo nos invitan a creer que también nosotras tenemos algo valioso que ofrecerle al mundo. Lo mismo me sucede cuando Débora se declara líder y madre del pueblo de Dios en su canto de victoria.

No obstante, ella también incluyó al resto de los héroes de la historia y a Dios como el hilo conector entre todos ellos. Esa también es una fortaleza de las líderes latinas: nosotras sabemos que obtener poder no significa que otros sean relegados, sino que hay lugar para todos. La historia de Jael no le resta a la de Débora, ni la de Barac a la de Jael. El canto de victoria brilla cuando todos los integrantes del plan maestro de Dios quedan incluidos.

Generalmente, los latinos venimos de una cultura más comunitaria, donde siempre hay espacio para uno más. El valor de la hospitalidad se aprecia en todas partes. Excluir a una persona es grosero, irrespetuoso y humillante, pues ello implica asumir que es incapaz de aportar algo. Débora hizo todo lo contrario y con sus acciones mostró que el Señor trabaja por medio de quien Él quiera por el bien de Su propósito para el mundo.

## UNA LÍDER QUE NOS ENSEÑA A RECORDAR

La historia de Débora culmina con la afirmación de que Israel tuvo paz durante los siguientes 40 años. Tristemente, la paz no duró para siempre. Una vez más, Israel olvidaría que Dios los había rescatado. Ese pueblo era, así como nosotros, un tanto olvidadizo. Por esa razón, Débora, la líder que había visto la mano del Señor destruir a sus enemigos, compuso una canción para que el pueblo no olvidara quién prestó atención a sus clamores y envió a alguien para rescatarlos. Por primera vez en la historia de Israel, Dios envió a una mujer. Débora era un presagio de otra mujer que vendría, alguien mencionada en Génesis 1, que algún día aplastaría la cabeza de la serpiente. Débora, una hija de Eva, anuncia la venida de la madre de Cristo, que llevaría al Salvador en su vientre virgen.

Gran parte de la cultura religiosa latina gira en torno al recuerdo. Nuestros cantos y tradiciones nos llevan hacia un ritmo litúrgico de la memoria. Por ejemplo, tenemos la tradición católica latina *Día de los muertos*, cuyo propósito es recordar a nuestros seres queridos fallecidos. Incluso las tradiciones durante el Adviento, como las *Posadas*, que surgió por la necesidad de referirles a los nuevos conversos la historia del nacimiento de Jesús, son invitaciones a recordar el viaje de la familia santa y su búsqueda de refugio. Las *Posadas* del Adviento fueron influenciadas por los villancicos españoles.[1] Las mujeres latinas siempre hemos tenido nuestros propios cantos para ministrar nuestro corazón, recordar nuestro pasado y no olvidar que Dios siempre ha estado con nosotras.

## DE LA HISTORIA DE DÉBORA A LA TUYA

Débora es otra de las hermanas de la Biblia que nos edifican con sus historias. La suya en particular tiene el propósito de recordarnos que Dios nos ve y desea que ejerzamos nuestros dones en Su ministerio. Deseo que la historia de esta heroína penetre nuestras almas y sea un instrumento para que Dios nos convierta en las líderes que Él desea. Defendamos nuestros dones y a la vez apoyemos los de otras mujeres a nuestro alrededor, así como lo hizo Débora. Por último, vivamos en esta verdad: todas somos mujeres capaces de ser madres espirituales y de recibir la Palabra de Dios para orientar a nuestra comunidad.

# 12

# MARÍA

## EL MUNDO EN NUESTRO INTERIOR

NOEMÍ VEGA QUIÑONES

Yo me crie con unos padres que aman al Señor. Ellos nos llevaban a la iglesia los domingos y nos enseñaban a combatir las pesadillas con la Biblia. De pequeña yo tenía pesadillas. Entonces deduje que, si dormía con mi Biblia junto a mí, me sentiría segura. Ahora que soy adulta, sé que debo *abrir* mi Biblia y *analizar* su sabiduría para mi crecimiento espiritual y mi liderazgo. Sin embargo, aunque desde pequeña me enseñaron a honrar la Palabra de Dios, no quedé enamorada de Jesús y Su vida hasta mi primer año de universidad. Esto sucedió cuando estudié Su vida en la narrativa de Lucas. Esta biografía aumentó mi intimidad con Jesús, cuyo ejemplo suscitó en mí un deseo de cultivar la Escritura en mi corazón y mi liderazgo. Me gustó particularmente cómo Lucas nos refiere la historia de María, la madre de Jesús.

Ella nos muestra que el liderazgo proviene de la intimidad que cultivamos con Dios y esto resulta en un gran impacto en el reino. María llevaba la Palabra de Dios en su corazón. Debo confesar que escribir sobre ella es un poco intimidante. Todavía hay mucho que deseo aprender sobre María y su amor por el Señor. No obstante, aunque me siento algo intimidada, también me emociona poder sentarme a sus pies y escuchar su historia. Siempre quedo impresionada por su amor de madre. María permaneció fiel y valiente con su hijo hasta el fin, preocupada por su vida, y con abnegación se lo cedió a Dios. Esa joven mujer me impresionó con su profunda canción de aguda teología, donde exhibió una madurez poco común a su edad. También mostró educación y conexión con el Espíritu Santo, quien la llevó a la intimidad con el Logos en su interior.

Escribo este capítulo con respeto, atención y un corazón dispuesto a aprender de la madre de nuestro Señor y Salvador. Aunque la historia de María aparece múltiples veces en la Escritura, me enfoco en Lucas 1:26-56, porque me siento identificada con su respuesta y su liderazgo en ese texto.

## LA HISTORIA DE MARÍA

María era una adolescente de Galilea, al norte de Israel, y vivía en un pueblo llamado Nazaret. Galilea era un punto de entrada a la región de Israel, que estaba ocupada por Roma, y servía como acceso a las tierras de los gentiles. Esta era una zona diversa y llena de comercio. Ya que estaba tan cerca de las tierras gentiles, probablemente se consideraba impuro a Nazaret. Los israelitas podían proseguir con su cultura y practicar su religión, pero debían ser leales al César, pagar impuestos al gobierno romano y respetar la *Paz romana*. María se crio como mujer judía en el diverso y menospreciado pueblo de Nazaret. Ella era una mujer colonizada que quizás vivía en la pobreza. Algunas de nosotras podremos identificarnos con sus inicios humildes, pero incluso si no es así, te invito a examinar la historia de María y a imaginar cómo fue su liderazgo en aquel tiempo.

Lucas afirma que María estaba comprometida con José, un descendiente del rey David. La vida de María era perfectamente normal para una joven de sus tiempos. No obstante, un día el Señor envió al ángel Gabriel a visitar a la joven y a entregarle un mensaje inesperado. El ángel le habló así: «¡Te saludo, tú que has recibido el favor de Dios! El Señor está contigo» (Luc. 1:28). Emanuel, Dios con nosotros, fue proclamado a María.

Lucas escribe que, al escuchar al ángel: «María se perturbó, y se preguntaba qué podría significar este saludo» (Luc. 1:29). Ella procuraba entender la relevancia y el significado de aquel encuentro. El ángel percibió su confusión y prosiguió con el mensaje: María había sido elegida por Dios para dar a luz al «Hijo del Altísimo» (Luc. 1:32). La naturaleza inquisitiva de María surgió al aceptar el mensaje de Gabriel y preguntarle cómo sucedería aquello si ella todavía era virgen. El ángel respondió que el Espíritu Santo «vendría» sobre ella; es decir, que la cubriría de la presencia del Altísimo (Luc. 1:35). Además, Gabriel le dijo a María que su hijo reinaría «sobre el pueblo de Jacob para siempre» y que Su reinado no tendría fin (Luc. 1:33). Ella respondió de manera impactante: «Aquí tienes a la sierva del Señor [...] Que él haga conmigo como me has dicho» (Luc. 1:38). María estaba llena del Espíritu Santo y su respuesta confirmaba su gran fe.

La joven María recibió el mensaje, reflexionó en él y lo aceptó. Lucas no detalla los días que siguieron a este suceso, pero podemos imaginar que María se preparó. Seguramente recordó pasajes de la Escritura sobre el Mesías prometido, reflexionó sobre el mensaje de Gabriel y le pidió sabiduría a Dios. Me gusta suponer que esto fue lo que hizo en vista del cántico que ella entona más adelante en el pasaje.

Unos días después, María «emprendió viaje y se fue de prisa» a Judea, donde vivían Zacarías y su prima Elisabet (Luc. 1:39). El viaje seguro le tomó unos dos días y medio. Imagino que un viaje tan largo requería un acompañante, pero Lucas lo omite. Me preguntó si María experimentó toda la emoción usual tras su recién anunciado embarazo (sorpresa, asombro, angustia, pasmo, vulnerabilidad, preocupación, gozo, confusión) a la vez que permanecía fiel a Dios. María estaba consciente de que iba a ser una madre joven y soltera. ¿No le molestaba lo que otros pensarían o dirían sobre ella? ¿Le preocupaba lo que las generaciones futuras dirían sobre sus acciones? El texto omite las respuestas, pero algo es seguro: María tenía una gran conexión con Jehová y había descubierto que esto tendría implicaciones significativas y eternas para las generaciones futuras.

Cuando María llegó a la casa de su prima en Judea, el Espíritu Santo llenó el vientre de Elisabet; entonces su bebé, el profeta Juan el Bautista, saltó en su vientre. María pasó un tiempo con su prima y presenció su desarrollo como madre. Este es un bello ejemplo de dos mujeres en colaboración que se apoyan en lo que vendrá. Te invito a imaginar cómo sería la amistad entre María y Elisabet. Ellas eran amigas íntimas, capaces de confiarse incluso las situaciones más íntimas y vulnerables sin juzgarse, pero con gran afecto. Elisabet se muestra como la mentora que muchas de nosotras quisiéramos como amiga. Imagino que su liderazgo y su sabiduría eran una fuente de ánimo y sustento para la joven María.

Aunque Lucas 1 no trata del liderazgo de Elisabet, es importante ver que el autor la incluyó en esta parte de la historia. El liderazgo implica permanecer receptivos a las enseñanzas de quienes nos han precedido. Muchas de nosotras hemos anhelado tener mentoras latinas, pero hemos descubierto que no están disponibles por varias razones. En la medida en que nosotras vayamos avanzando en el liderazgo y adquiriendo influencia, me gustaría que pudiéramos reconocer a las generaciones jóvenes, fortalecer sus liderazgos y ser ejemplos de una vida sustentada en el amor de Cristo. En este proceso busquemos la guía de nuestras mamis, abuelitas, comadres, hermanas y aquellas personas a las que admiramos en nuestras profesiones.

La canción de María la conocemos después de que Elisabet elogió su fe en el Señor y le aseguró que Él cumpliría Sus promesas. En Lucas, María respondió con un poderoso cántico de alabanza, declaración y profecía. La psique o alma de María le daba la gloria a Dios y su *pneuma* o espíritu se gozaba en Él. Ella se concebía como una humilde sierva del Señor y lo alabó porque se fijó en ella (Luc. 1:48). María profetizó que: «Desde ahora me llamarán dichosa todas las generaciones», pues «el Poderoso» hizo grandes cosas por ella (Luc. 1:48-49). Ella afirmó que la misericordia de Dios es para los que le temen y también declaró Sus «proezas» (Luc. 1:51). Estas incluyen desbaratar las intrigas de los soberbios (en la siguiente sección examino el posible significado de esto), derrocar de sus tronos a los poderosos y exaltar a los humildes. María declaró que los hambrientos fueron colmados de bienes y los ricos se marcharon vacíos. Además, profetizó que el hijo de su vientre ayudaría con misericordia a Israel, siervo de Dios, como lo había prometido.

La historia de María relata una poderosa interacción con lo divino, que se integró en el cuerpo de la joven y la llenó con su vitalidad. María concibió su embarazo como un regalo del Señor y consideró las palabras del ángel como verdades. Ella estaba segura de que llevaba en su vientre al Hijo de Dios, entonces alabó al Señor por Su misericordia. Luego reflexionó lo que el nacimiento de Cristo significaría para Israel, que enfrentaba opresión y humillación. María imaginó el impacto que aquel nacimiento tendría en las generaciones futuras y luego culminó su cántico al declarar que el Mesías prometido había llegado tras 400 años de espera. En la canción de María no hallamos un discurso inocente y leve, sino una voz profética contra los poderes que oprimían a su pueblo y perpetuaban una opresión económica, social y política.

Ella declaró que el Mesías, el Salvador, sería el rey que liberaría a Su pueblo de la invasión y gobernaría por encima del César. La joven María no permaneció en silencio. Ella se convirtió en una sierva líder que usó su influencia para proclamar las buenas nuevas que tomaban lugar en su interior. En su reflexión con el ángel, su respuesta al anuncio de su embarazo y su canción profética podemos ver a una mujer que tomaba en cuenta la sabiduría antigua. María fue de una pobrecita madre soltera adolescente a una poderosa e inteligente sierva del Señor. Con la ayuda de Elisabet, María construyó la narrativa del niño Jesús como el Ungido, aquel que vino a liberar y a redimir. Ese es un liderazgo poderoso.

## LAS CARACTERÍSTICAS DEL LIDERAZGO DE MARÍA

En la manera en que Lucas describe a María podemos reconocer tres características de un liderazgo ejemplar: la reflexión estratégica, el liderazgo sometido y el liderazgo profético. Estos tres aspectos nacen de nuestra intimidad con el Señor. Puesto que José era del linaje de David, sin duda estaba presionado a desposar a alguien acorde. Entonces eligió a una esposa que honrara las tradiciones de su familia y comprendiera su historia y su fe. Lucas no afirma que María tuviera educación teológica. De hecho, las mujeres no tenían acceso a ese tipo de instrucción en aquellos tiempos. Conocer esto nos permite entender mejor la relevancia del liderazgo de María. Aunque ella no fue educada de manera formal, nos mostró su capacidad de reflexión al considerar con cuidado el mensaje de Gabriel. Su discipulado tampoco era formal, pero María exhibió el anhelo de servir al Señor. Por lo tanto, ella ejerció un liderazgo que aceptaba el plan de Dios. María no tenía títulos ni formación oficial, pero habló con verdad y sabiduría en su cántico que proclamaba el cumplimiento de la visión profetizada desde los tiempos del Antiguo Testamento. Todo esto revela una mujer que ha dedicado tiempo a su intimidad con Dios a pesar de su corta edad. Durante su trayecto, María desarrolló capacidades que le permitieron ejercer su liderazgo como madre de Jesús, el Mesías.

Primero, María reflexionó estratégicamente sobre su situación. Esto podemos verlo en sus respuestas al ángel en Lucas 1:29, 34 y 38. El versículo 29 afirma que María se preguntó qué significaba la aparición del ángel. En lugar de una reacción sobredimensionada, la suya fue un profundo cuestionamiento sobre la situación. María solo tuvo algunos segundos para determinar si el ángel representaba una amenaza o una bendición, si traería muerte o prosperidad. El ángel respondió sus dudas y le explicó a la joven lo que pasaría. En el versículo 34, María pregunta: «¿Cómo podrá suceder esto...?». No debemos concebir su cuestionamiento como una reacción dudosa o desafiante, sino como una pregunta lógica sobre la mecánica del nacimiento, pues ella era virgen.

El lector tiene el privilegio de discutir la situación de María. Quizás nos preguntemos: «¿Por qué María cuestionó cómo sucedería todo aquello? Ella estaba hablando con un ser sobrenatural, un ángel. El mecanismo sería tan sobrenatural como su conversación». En mi opinión, la pregunta de María refleja curiosidad y no desafío. Más adelante en el texto, ella afirmó: «Aquí tienes a la sierva del Señor» (Luc. 1:38). Esta es la respuesta de alguien que busca comprender. Ella había tomado la decisión de obedecer al Señor y de proclamarse sierva. No obstante, esta declaración sucedió *después* de su cuestionamiento.

La reflexión estratégica es una virtud que los líderes deberíamos cultivar. A muchos les disgusta cuando hablamos de estrategia, pero es preciso comprender que Dios nos dio la habilidad de examinar las circunstancias y de tomar decisiones sabias. Para ello puedes tener poco tiempo (como María con el ángel) o mucho tiempo (como María con su canción). Santiago 1:5 afirma que, si le pedimos sabiduría a Dios, Él nos la dará. El rey Salomón constantemente le pedía sabiduría al Señor y hoy lo conocemos como uno de los reyes más sabios del Antiguo Testamento.

La reflexión estratégica contrarresta la cultura de consumismo y sobreproducción en que vivimos. Para ser más reflexivos debemos aprender a escuchar con atención, a formular preguntas relevantes que nos permitirán hacer un análisis más profundo de las circunstancias y a reunir la información necesaria para tomar las decisiones en nuestro liderazgo. La reflexión estratégica requiere intimidad con el Creador. Hábitos espirituales como estudiar la Escritura, tomarse el tiempo para escuchar al Señor y analizar cómo Dios está obrando en nuestra vida enriquecen nuestra conexión con Jehová, con nosotras mismas y con las demás personas.

Segundo, María fue un ejemplo del liderazgo conocido como «liderazgo de servicio». Ella estaba convencida de que Dios era el camino, la verdad y la vida. Su respuesta en el versículo 38 es extraña para los lectores contemporáneos, en especial para quienes deseamos empoderar a las mujeres y no deshumanizarlas. «—Aquí tienes a la sierva del Señor —contestó María—. Que él haga conmigo como me has dicho». Ella decidió servir a Dios y llevar a Su Hijo en el vientre, aunque fuera un reto aterrador y otros lo consideraran escandaloso. Su respuesta exhibía una gran confianza en el Señor. María creyó que su hijo se llamaría Jesús, que sería un gran hombre y que tomaría el trono de su padre, David, «y reinará sobre el pueblo de Jacob para siempre. Su reinado no tendrá fin». Ella aceptó esta verdad y afirmó: «Aquí tienes a la sierva del Señor».

El liderazgo de servicio se fundamenta en la fuerza y la confianza. Puesto que he presenciado los efectos de la violencia en los cuerpos, las comunidades y los países, yo dudaba de este estilo de liderazgo. Detesto que se aprovechen de mí o que me den por sentada y también que les ocurra lo mismo a otras personas. Sin embargo, el liderazgo de servicio no significa ser pasivos y permitir que te maltraten a ti y a otras personas. En realidad, significa apoyar la misión y el propósito de los demás; concebirte como parte de un todo y no como la única pieza. Este estilo de liderazgo toma como referencia el de Cristo, tiene un gran impacto social y requiere tener mucha seguridad en los líderes.

La confianza que María puso en el Señor es como la que algunas de nosotras ponemos en nuestros padres o en las mujeres y los hombres que han servido como guías en nuestra vida. Yo crecí escuchando una palabra que ha cautivado mi interés por años: *mande*. Mi amiga Cindy Hernández y yo conversamos sobre este término cuando estábamos en el seminario. Ella creció utilizando *mande* como la respuesta adecuada al llamado de un padre: «¡Mija!», «¿Sí, mande?». Esta palabra significa «ordéname». En mi cultura mexicana los niños aprenden este término desde pequeños. A tus órdenes u ordéname. Analiza su significado. ¿A quién le dirías esa palabra con la seguridad de que no se aprovechará de ti ni te causará un mal? La única forma de afirmar *mande* sin miedo alguno es confiar que la otra persona no busca lastimarte.

La actitud de María y el liderazgo de servicio están fundamentados en una confianza profunda en el Señor. No se trata de una fe inmadura que solo obedece a Jesús si Él cumple nuestros deseos, sino una seguridad poderosa que comprende que Jesús es Emanuel, Dios con nosotros. ¿Puedes imaginar a Dios avanzando contigo en las áreas problemáticas de tu vida y en los periodos de gozo que aguardan en el futuro? El liderazgo de servicio obedece a Jesús mientras Él te guía a la siguiente fase. Es decirle a Cristo: «Mande, Señor» e implica servirlo con fe y con la expectativa de que te está llevando a lugares increíbles. Este liderazgo se fundamenta en la confianza de que sirvo en este modo porque el Señor me ha puesto en este lugar. Cuando enfrentamos dudas, dificultades, críticas o insolencia el liderazgo de servicio retorna a Jesús, dice «Mande, Señor» y halla la manera correcta de responder con fuerza y verdad.

La tercera característica del liderazgo de María es su voz profética. Su reflexión estratégica y su liderazgo de servicio cultivaron la Palabra de Dios en su espíritu, pero este caudal de conocimiento íntimo sobre Dios no podía permanecer escondido. Los profetas del Antiguo Testamento tenían una fuerte conexión con Dios. Ellos comprendían la época en que vivían y eran capaces de percibir las consecuencias de las acciones del pueblo. Ellos orientaban a las personas hacia Dios y proclamaban Sus verdades.

El cántico y la actitud de María exhibían un liderazgo profético, porque ella *conocía* lo que Dios estaba haciendo en ella y confiaba en Sus promesas. El cántico de María (Luc. 1:46-55) ofrece ejemplos de este tipo de liderazgo. Lo primero que ella hace es declarar que Dios es su Salvador: «Mi alma glorifica al Señor, y mi espíritu se regocija en Dios mi Salvador...» (Luc. 1:46-47). Luego considera lo que sucedería tras el nacimiento de Jesús: «Desde ahora me llamarán dichosa todas las generaciones...» (Luc. 1:48). El liderazgo profético se plantea las posibilidades futuras de las acciones presentes. María afirmó ciertas verdades sobre Dios: «De generación en generación se extiende su misericordia a los que le temen. Hizo proezas con su brazo; desbarató las intrigas de los soberbios» (Luc. 1:50-51). Además, María podía ver el impacto de la verdad y el poder de Dios: «De sus tronos derrocó a los poderosos, mientras que ha exaltado a los humildes. A los hambrientos los colmó de bienes, y a los ricos los despidió con las manos vacías» (Luc. 1:52-53).

Recordemos la condición social de la joven María y el riesgo que ella tomaba al declarar aquellas verdades. ¿Puedes imaginar cómo reaccionarían los gobernantes actuales a que alguien afirmara que serían derrocados de sus tronos y que los humildes serían exaltados? Las de María eran declaraciones contra César o Herodes. María no temía entonar su cántico. De hecho, se hizo tan conocida por su adoración profética, escandalosa y atrevida, que Lucas, el autor del texto, pudo recuperar el cántico e incluirlo en el libro décadas más tarde.

Por último, María le dio consuelo y esperanza a Israel, el siervo de Dios: «Acudió en ayuda de su siervo Israel y, cumpliendo su promesa a nuestros padres, mostró su misericordia a Abraham y a su descendencia para siempre» (Luc. 1:54-55). En las palabras de María puedo percibir su liderazgo e interés por su pueblo. Ella les recordó la misericordia del Señor, una de sus características esenciales, y les dejó saber que Dios cumpliría la promesa que le había hecho a sus ancestros. Además, me parece que María procuraba que quienes leyeran sus palabras o escucharan su cántico pudieran acercarse al Señor en intimidad y adoración. Su canción se conoce como el Magníficat de María, pues nos lleva a gozarnos en Dios, nuestro Salvador. Ese es un liderazgo profético, que nos lleva a la intimidad con el Señor y nos recuerda Sus obras y Sus promesas.

El liderazgo profético no implica conocer el futuro como un adivino, ni tampoco tener un favor especial de parte de Dios. Tampoco afirma las convicciones e ideas propias, sino las que el Espíritu Santo pone en nosotros. El liderazgo profético surge de nuestro andar con Jehová y representa Su voz, Su propósito y Su visión. El Señor desea tener esta conexión con todas las personas. El liderazgo profético implica aprender a escuchar la voz de Dios y a usar la nuestra para conectar a los demás con el Señor.

Los líderes proféticos tenemos la Biblia como nuestro libro de texto, el Espíritu Santo como nuestro maestro, Dios como nuestro guía y la vida de Jesús como nuestro modelo a seguir. Este liderazgo no busca perturbar la tranquilidad, pero su naturaleza altera el balance normal de las cosas. El liderazgo profético concibe a la Palabra de Dios como la verdad, al Espíritu Santo como el guía y consejero y a Jesús como el Rey de reyes. Este tipo de liderazgo perturba los principados y las potestades del mundo que buscan deshumanizar, esclavizar y someter al pueblo de Dios.

## MUJERES COMO MARÍA

Elizabeth Barrera es la líder latina de un ministerio que empodera, defiende y sustenta estudiantes latinos en Texas, Oklahoma, Arkansas y Luisiana. Ella es un ejemplo de la reflexión estratégica, el liderazgo de servicio y el liderazgo profético de María. Elizabeth es hija de padres inmigrantes que iniciaron un restaurante mexicano en Waco, Texas. Cuando Elizabeth fue aceptada en la Universidad de Texas en Austin, sus padres se sintieron orgullosos de ella y creyeron que continuaría el negocio familiar. Elizabeth conocía de Jesús, pero no decidió seguirlo hasta la universidad, «cuando la oportunidad de seguir a Cristo con todo mi ser se presentó con poder, claridad y un amor persuasivo».

Ella decidió seguir a Jesús en la universidad, donde luego dirigió un grupo de estudio bíblico para estudiantes latinos en el campus. Elizabeth tenía dudas por causa de su «en ocasiones doloroso y a veces confuso» proceso de identidad étnica. Sin embargo, ella aceptó. Esto la llevó a tener un ministerio de más de diez años con estudiantes latinos. Aunque hubo momentos en que pensó: «No soy especial. No debería sentirme orgullosa de mi trabajo. No soy suficiente», su amor y su compromiso con Jesús eran más importantes. «El Señor me dio ojos para ver». Elizabeth consideró el costo de aceptar el ministerio. Ella comparó el precio de desviarse de las expectativas de sus padres para bendecirlos con su ministerio. También consideró el precio de no ser solamente una madre y una esposa para bendecir a su esposo e hijos con su sabiduría y liderazgo en desarrollo.

Elizabeth afirmó en una ocasión: «Yo solía creer que sería una gran líder si tenía acceso a lo que otros ofrecían: cualidades particulares, oportunidades, individuos talentosos o recursos. Hoy sé que tengo a Jesús y que en Él encuentro todo lo que necesito para servir». Ella practica la reflexión estratégica en su proceso de discernimiento. También considera las particularidades de seguir a Jesús primero como una líder de estudio bíblico y después como una líder en el ministerio. Elizabeth es un ejemplo de liderazgo de servicio, pues acepta nuevas oportunidades de liderazgo, pero también posee la sabiduría para rechazar aquellas que no benefician a su familia.

La visión de Elizabeth de presenciar cómo el Señor tocó las vidas de más de 8000 estudiantes latinos en la Universidad de Texas y por todo el sur de Estados Unidos es un ejemplo de liderazgo profético. Ella nos anima a descubrir que muchos de nuestros estudiantes no tienen guías que los orienten en su caminar con Cristo.

Puedo ver la visión que Dios le entregó a Elizabeth con respecto a los estudiantes latinos. ¿Les ha dado el Señor a tus amigos una visión en la que puedes participar? ¿O quizás Dios te ha entregado una visión para transformar tu campus o tu comunidad en la que puedas incluir a tus amigos?

El liderazgo profético se manifiesta de varias formas en la actualidad. Existen líderes de iglesias como Sandra Van Opstal, Brenda Salter McNeil y Kathy Khang que declaran la verdad sobre temas como la raza, la apropiación cultural, la adoración multiétnica y el liderazgo de las mujeres. Muchas de nosotras somos líderes en nuestras iglesias u organizaciones sin fines de lucro, en juntas asesoras o consejos de defensa, en nuestros hogares y vecindarios.

Yo anhelo desarrollar mi liderazgo profético porque deseo incrementar mi conocimiento sobre el plan del Señor para nuestro tiempo. Cuando Donald Trump llamó a los mexicanos narcotraficantes, criminales y violadores y cuando Hillary Clinton llamó deplorables a los seguidores de Trump, tuve que alejarme de todo ese ruido para descubrir el plan y la opinión de Dios sobre nuestra época. Busqué textos en la Escritura que se enfocaran en Emanuel y en cómo Él designa personas para luchar contra las terminologías utilizadas contra mi gente y otras comunidades.

El liderazgo profético actual implica cultivar la Palabra del Señor en nuestro corazón y dedicar el tiempo suficiente a discernir Su plan para nuestra vida y la época en que vivimos. También implica declarar la verdad en el momento correcto y saber cuándo es mejor alejarse y recuperar las fuerzas. En mi caso, el liderazgo profético me ha llevado a ayunar, a escribir en mi diario y a respetar el sábat regularmente. Estas disciplinas espirituales me otorgan la fuerza necesaria para ser una mujer líder centrada en el amor de Cristo por mí y por el prójimo y también en Su anhelo de tener una relación personal con todo el mundo. Así, cuando el momento correcto llegue, podré declarar la verdad con valentía y precisión.

## MI HISTORIA ACTUAL

Un ejemplo reciente de mi desarrollo en el liderazgo profético es la manera en que empodero, recluto y me asocio con voluntarios que desean iniciar estudios bíblicos en los campus del sur de Texas. Cuando alguien me envía un correo electrónico diciendo que quiere ser voluntario, lo primero que examino es su hábito de oración y su capacidad para discernir la voz de Dios. Después, por lo general, vamos a un campus donde no abundan los estudios bíblicos y oramos juntos mientras caminamos por el área. Luego le informo al voluntario sobre la historia del campus y la comunidad aledaña. También le comparto peticiones de oración de algunos locales que he llegado a conocer. Mientras caminamos, puedo percibir si el voluntario nos ayudará a iniciar el estudio bíblico al examinar su disposición para escuchar la voz del Señor. Por lo general, durante la oración, Dios nos mostrará su visión de cómo luciría el campus al recibir más del reino de los cielos. A veces también nos ofrece un pasaje bíblico para el nuevo ministerio. Entonces oramos basados en la Biblia y en nuestra visión; lo hacemos con la esperanza de que Dios cumplirá Su plan.

Con el pasar de los años, mi apreciación por María se ha incrementado. Este capítulo fue el más difícil de escribir, pues me parecía que no podría hacerle justicia al liderazgo y la sabiduría de la madre de Jesús. En el caos de mi inseguridad y mi contemplación, María me ha dado fuerzas a través de su canción en Lucas. Su sabiduría, su liderazgo de servicio (la actitud de responder «Mande, Señor») y su liderazgo profético son características que yo he procurado cultivar en mi caminar con Jesús. Mientras avanza mi edad como mujer soltera, las convicciones que el Espíritu Santo ha plantado en mi alma también crecen. He aprendido a reflexionar estratégicamente sobre las oportunidades que acepto o rechazo y me aseguro de que el rumbo que tomo es el que Dios desea para mí. También he aprendido a afirmar: «Sí, mande, mi Señor» y mientras más lo digo, más sencillo es aceptar cada misión con Él. Todavía estoy aprendiendo a confiar en mi liderazgo profético; aunque a veces quiera esconderlo para mi sola, el cántico de María me inspira a alabar a Dios y a declarar Sus profecías. En nuestro tiempo es crucial anunciar la verdad, la belleza y la justicia del Señor; las que fueron, son y han de ser.

Hermana, anhelamos que desarrolles tu liderazgo. Te invitamos a seguir el ejemplo de María, a buscar la intimidad con la Escritura, a mantenerla en tu corazón y en tu mente, a reflexionar estratégicamente sobre las circunstancias que te rodean y a afirmar: «Mande, Señor». Sé valiente y declara que Dios es bueno y digno de adoración.

Recuerda que eres una mujer amada, con talentos, habilidades, relaciones, recursos, amistades y creatividad para transformar nuestra comunidad. No olvides que Dios te ama, te ha dado un llamado y desea una relación contigo. Fundamenta en estas ideas tu liderazgo, de modo que puedas orientar a otros hacia una relación eterna y hermosa con nuestro Salvador.

## DE LA HISTORIA DE MARÍA A LA TUYA

¿Cuál de las tres características del liderazgo de María aplica mejor a tu ministerio? ¿Cuál de ellas no calza en tu liderazgo? ¿Hay alguna en que desees desarrollarte? ¿Qué pasos debes tomar para crecer en esa área?

¿Hay alguien como Elisabet en tu vida? ¿Qué mujeres líderes y mentoras quisieras que te orientaran en el desarrollo de tu liderazgo? ¿Cómo podrías contactarlas?

¿Hay alguien como María en tu vida? ¿Serán las personas que vendrán a ti en busca de consejo, sabiduría y aliento? ¿Cómo puedes contactar a estas personas?

# EPÍLOGO
## LEVÁNTATE, HERMANA

Gracias, hermana, por sentarte a la mesa con nosotras y por aventurarte en este viaje de liderazgo. Hemos aprendido sobre identidad e intimidad junto a Ester, la mujer sulamita, Mija, Ana, María de Betania y Rajab. También aprendimos sobre influencia e impacto junto a la mujer cananea, Rut, Tabita, Lidia, Débora y María. Si fuéramos a crear una exhibición para ti en nuestra mesa que representara las características esenciales del liderazgo de estas mujeres, sin duda resaltaríamos la relación íntima que tenían con el Señor. Ese es nuestro tema principal. Anhelamos que hayas podido notar cómo nuestras heroínas cultivaban su amor por el Señor para luego tocar las vidas de otras personas desde esa conexión de amor.

Otro aspecto que resaltaríamos en nuestra exhibición sería el de amar quién Dios te hizo. Las autoras de este libro compartimos batallas personales y nuestro proceso de crecimiento en la identidad étnica y el liderazgo. Aquellas latinas que deseen desarrollar su liderazgo construirán sus identidades en Cristo y permitirán que estas determinen sus identidades étnicas.

En nuestro viaje individual crecimos por medio del dolor, con el anhelo de confrontar el sufrimiento personal con la ayuda de nuestros amigos. El siguiente aspecto que resaltaríamos sería el concepto de *comadreando*, es decir, caminar junto a nuestras hermanas. En este trayecto necesitarás amigas como Elisabet y María, o como las hermanas Marta y María. También requerirás hermanas como la mujer sulamita, que te recuerden que eres amada, o como Ana, para mostrarte que puedes generar frutos incluso cuando te sientes estéril. En momentos de debilidad, necesitarás a alguien como Débora o Rajab para recordarte la fuerza que llevas dentro. Recuerda que no estás sola en la vida; las hermanas que hemos visto en este libro vivieron mucho antes que tú. Además, el Señor está contigo y también con nosotras.

Nos sentimos dichosas de que Dios nos haya proporcionado tantas mentoras del Medio Oriente, mujeres que caminaron junto a Él hace miles de años. Ellas forman parte de esa gran multitud de testigos a la cual estamos conectadas para siempre. Así como ellas desarrollaron sus amistades con Jesús, espero que puedan convertirse en tus amigas, en compañeras que te escoltan en tu trayecto con Cristo.

Mientras escribíamos sobre cada una de estas heroínas, sentimos que se convertían en parte de nosotras en maneras diferentes y particulares. Nosotras entrelazamos nuestras historias con las suyas y procuramos absorber sus experiencias como líderes. También permitimos que esas historias nos transformaran para desarrollar una fe y una confianza aún mayores en el Dios que nos creó a Su imagen. Algunas de estas mujeres tenían un gran poder e influencia; de otras desconocemos hasta su nombre. A unas se les dedicó libros enteros de la Biblia; a otras apenas unos párrafos. Sin importar sus estatus sociales, cada una de ellas nos cautivó tanto que fue difícil acabar cada capítulo. Ellas se convirtieron en amigas y comadres; cada una nos cambió la vida.

Puesto que las mujeres latinas provenimos de una cultura enfocada en la comunidad, instintivamente comprendemos que tenemos una conexión con quienes nos rodean y también con las generaciones pasadas y las futuras. Sabemos que pertenecemos las unas a las otras y que nuestras historias están entrelazadas en el lienzo de redención que Dios teje para la humanidad. Somos guerreras, hijas, madres y a veces todo a la vez. Nos pertenece el oro del sol poniente y la diversidad de colores de la aurora boreal. Somos uno en la familia de Dios. Hermana, recuerda que eres *mija*, eres amada y valiosa, poderosa y fuerte. Avanza con la intensidad del Espíritu Santo en ti; Él te fortalece, te llama por tu nombre y siempre estará contigo. Recuerda, Emanuel, Dios con nosotros.

Hemos llamado hermanas a estas heroínas porque son nuestra familia. Ellas fueron adoptadas por Dios; por lo tanto, su historia es parte de nuestra herencia y ellas se han convertido en nuestra familia. Muchas de las mujeres cuyas historias hemos comentado en este libro son familiares que han encarnado quienes queremos ser como líderes latinas. Del mismo modo, nuestras doce heroínas bíblicas, de fe particular e imperfecta, nos han enseñado mucho sobre el liderazgo. El Señor desea que las veamos como familia, pues ellas nos muestran el liderazgo que ejercieron durante sus vidas con Él. Nos gusta imaginarlas juntas, animándonos y defendiéndonos mientras ocupamos los puestos de liderazgo en que Dios nos ha puesto para Su gloria.

Casi podemos escucharlas gritar: «¡Ándale, hermana! ¡Adelante, mija! Todavía hay mucho trabajo por hacer. El día comienza, el sol se eleva y necesitan tu liderazgo hasta que el Rey te llame a casa. Ve, en conjunto con tus hermanos, a realizar tu misión. Recuerda que aquí te esperamos con una gran fiesta para celebrar tu inclusión en el legado de mujeres guerreras que el Señor ha empoderado en el desarrollo de Su pueblo en este mundo».

# AGRADECIMIENTOS

Gran parte de este libro lo hemos dedicado a las historias de mujeres que han allanado el camino, orientado nuestros pasos e incrementado nuestra fe, esperanza y seguridad en el Señor, que está vivo y activo dentro de nosotras. Ahora quisiéramos agradecerles a dos personas fundamentales en el desarrollo de este libro.

El doctor Orlando Crespo escuchó el concepto de este libro años atrás. Esa misma semana se contactó con Al Hsu, el editor de IVP (InterVarsity Press), para agendar una reunión. Nos reunimos en una cafetería en Chicago y conversamos sobre llevar este libro al alcance de líderes latinas en desarrollo. Orlando nos orientó como amigo, mentor y un excelente guía. Hermano, esperamos que concibas este libro como parte del fruto de tu labor con los estudiantes universitarios latinos de nuestro país.

Gracias, Al Hsu, nuestro editor, porque nos animaste a proseguir con el libro cuando todavía era un sencillo bosquejo, ni siquiera una propuesta oficial. Tu confianza en nuestras opiniones y experiencias, tu anhelo de materializar estas historias en un libro y tu sabiduría al unificar estos procesos han sido un regalo magnífico. Hermano, ¡eres un excelente maestro y editor!

### NATALIA

Muchísimas gracias a mis padres, Roseann y Guillermo, a mi hermano Phillip, a mi cuñada Linda, a mi primo Pablo y al resto de mi familia, quienes me apoyaron durante el desarrollo del libro y me mantuvieron cuerda en el proceso. También le agradezco a mi amoroso, paciente y considerado prometido, Miguel Medina Rivera. Tú me animaste a dar mi máximo esfuerzo y me hiciste expresar lo mejor de mí. Tú estuviste ahí en medio del llanto, el miedo y las horas de trabajo arduo. Te quiero, mi amor. Gracias, Betsy Stewart, mi mejor amiga, una magnífica escritora y hermana. Desde la concepción de este libro hasta las ediciones finales, tú leíste cada borrador y me animaste a escribir. Gracias por creer en mí. Hay dos hombres mentores en mi vida que me han guiado directamente a las palabras de Jesús y me han enseñado a discernir los anhelos del Señor para mi vida personal y ministerial. Mi vida está sustentada en Cristo gracias al Espíritu Santo, que trabajó por medio de Ryan Pfeiffer y de mi pastor, Michael Koh.

Doy gracias a mi grupo de estudio bíblico de los martes, Women in the Word [Mujeres en la Palabra]. Les agradezco sus oraciones y cómo me empoderaron como maestra, oradora y mujer de Dios. Estoy especialmente agradecida con la Pasadena International House of Prayer [Casa internacional de oración en Pasadena]; ustedes han sido maestros excepcionales. Gracias por enseñarme el paradigma de la novia y por mostrarme, a través de días y noches de oración y alabanza, lo que significa amar primero a Jesús para luego trabajar con Él. Sigamos todos juntos en el desarrollo de nuestra intimidad con Jesús para traer más del cielo a la tierra. Este libro no sería posible sin LaFe, nuestra familia latina en InterVarsity Christian Fellowship. Muchos de ustedes apoyaron este libro de varias formas. Además, es probable que las tres autoras no nos hubiéramos conocido de no ser por esta comunidad. Estoy agradecida por los amigos, la guía y las enseñanzas aprendidas. Esta comunidad me ha ayudado a mantenerme en el ministerio. Hoy tengo total confianza en la obra que Dios ha hecho en nosotros y por medio de nuestro esfuerzo para el beneficio de Sus planes futuros.

## KRISTY

Le agradezco a la comunidad que me apoyó en este proceso, pues no fue un trabajo logrado en aislamiento. Sobre todo, estoy en deuda con mi amoroso esposo, Eric. Él fue mi apoyo y mi confidente en los ritmos diarios de escribir estos capítulos. Eric avivó mi visión cuando se apagó, me dio espacio para reflexionar cuando lo necesité y me brindó su apoyo cuando no creí tener la capacidad de continuar escribiendo. Nuestras hijas, Anna e Isabella, también fueron importantes en este proceso. Durante un tiempo han observado a su mamá escribir un libro mientras termina sus estudios, maneja compromisos familiares, proyectos escolares, musicales y supervisa cuando ellas juegan con sus amigas. Amo a mis hijas con todo mi corazón. Escribí estos capítulos tanto para ellas como para todo el que quiera leer nuestro libro. Mi anhelo es que ellas se conviertan en líderes latinas que cambien el mundo como lo hicieron nuestras doce heroínas.

También estoy agradecida con las familias Garza y Quintero, cuyas historias incluyo en este libro. Mis padres, Annie y Godfrey, mis hermanos, Trey y Jonathan, y mi cuñada, Gaby, me han defendido y han celebrado conmigo durante todo el proceso. Ellos me animaron y me dieron la confianza necesaria para proseguir durante estos últimos meses. Una de las historias que compartí en el libro fue la de mi abuela María Del Socorro «Cora» H. Garza. Su vida me recuerda la de Rut y espero que su historia les permita a las mujeres latinas recordar su lugar en la misión de Dios. Estoy muy agradecida de haber podido compartir la historia de mi abuela contigo. Estos capítulos nacieron de las historias que escuché en muchas reuniones familiares con los Garza y los Quintero este año. ¡Esto parece una novela! No obstante, estoy agradecida de formar parte de este legado.

Por último, quiero agradecerles a mis compañeros ministros y amigos, sobre todo a mis queridas hermanas que editaron secciones de mis escritos, me ofrecieron sus valoraciones y oraron por mí cuando más lo necesité. Ellas también aportaron a este libro. Así debe ser: en conjunto.

### NOEMÍ

Amá, Irma Vega, te dedico este libro. Tu vida y tu fe en Cristo me han hecho la mujer que soy. Aspiro a poder tener una fracción de la fe que tienes. Gracias por tu apoyo en mi vida y mi ministerio. También le agradezco a mi papá, Rigoberto Vega, que siempre ha defendido mi liderazgo; a mis hermanas, Judi y América, y a mis hermanos, Pablo y Rigo, por ayudar a forjarme como líder desde niña. A mi familia de México: muchísimas gracias por mostrarme el amor que cruza fronteras y no se desvanece con la distancia. Gracias por mostrarme la belleza de mi linda ciudad, Guadalajara, y por siempre ser amorosos y generosos conmigo.

Gracias, Orlando y Natalia, por incluirme en este proyecto. Gracias, Kristy, por aceptar formar parte del equipo. Al, agradezco que apoyaras el proyecto y que nos alentaras cuando no teníamos fuerzas para avanzar. Gracias, Dr. Mark Baker, por animarme a escribir. Comunidad LaFe: muchas de estas historias resultaron de tu discipulado en mi vida. Gracias a todos por ser mis mentores, de cerca o desde lejos.

A mi comunidad de Fresno: gracias por enseñarme cómo luce la misión integral en la vida real. Gracias a la comunidad Hidalgo, incluyendo a la familia Contreras, a Jessica y a Myrna. También le agradezco al Fresno Institute for Urban Leadership [Instituto para el liderazgo urbano en Fresno] por forjar mi concepción de la justicia bíblica de manera significativa. Mattie, Addie, Cindy, Angela, May Tag, Ariana, Beth, Layla, Christina y Robert: ustedes son lo máximo. Estoy muy agradecida de haber trabajado junto a ustedes por un tiempo. A mi comunidad de San Antonio, incluyendo el personal, los voluntarios y los líderes del ministerio: gracias por hacerme sentir como en casa en mi primer año y por aceptar mi liderazgo. Un agradecimiento especial para Mission Vineyard [Misión el viñedo] y para los pastores John y Arleta Aureli por sus oraciones y su apoyo. Gracias, John, por reconocer mi potencial como predicadora y por darme la oportunidad del liderazgo. También le agradezco a Light That Burns [La luz que quema] por sus oraciones, apoyo y amistad.

Les agradezco a las mujeres que han sido mis mentoras y también a aquellas que hoy me permiten guiarlas. Los capítulos que escribí para este libro no hubieran existido sin ustedes en mi vida. Un agradecimiento especial para mis hermanas que me ofrecieron sus valoraciones sobre el texto: Cindy Hernández, Lauren Fernández, Elizabeth Barrera, Victoria Mejía y Jennifer Alemán. A aquellas hermanas cuyos nombres no he podido mencionar y a los hermanos que me han apoyado durante el trayecto: muchísimas gracias. A Dios sea la gloria.

# NOTAS

### CAPÍTULO 1: ESTER

1. Justo González, *Santa Biblia: The Bible Through Hispanic Eyes* (Nashville: Abingdon Press, 1995), 77 90.
2. Walter C. Kaiser, *Mission in the Old Testament: Israel as a Light to the Nations* (Grand Rapids: Baker, 2000), xi.

### CAPÍTULO 2: LA MUJER SULAMITA

1. Watchman Nee, *Song of Songs* (Pennsylvania: Christian Literature Crusade, 1965), 33.

### CAPÍTULO 3: LA MUJER QUE PADECÍA DE HEMORRAGIAS

1. «The No Mas Study: Domestic Violence and Sexual Assault in the U.S. Latino Community», National Latino Network, www.nationallatinonetwork.org/images/files/NO_MAS_INFOGRAPHIC.pdf.

### CAPÍTULO 4: ANA

1. Definición según el diccionario Merriam-Webster Online del término en inglés *barren*.

## CAPÍTULO 5: MARÍA DE BETANIA

1. Justo González y Pablo Jiménez, *Púlpito: An Introduction to Hispanic Preaching* (Nashville: Abingdon Press, 2005), 49 50.
2. Virgilio Elizondo, Virgilio Elizondo: *Spiritual Writings* (Maryknoll, NY: Orbis Books, 2010), 163.
3. Simon Shimshon Rubin, Ruth Malkinson y Eliezer Witztum, *Working With the Bereaved: Multiple Lenses on Loss and Mourning* (Nueva York: Routledge, 2012), 192.
4. Bethany Hoang, *Deepening the Soul for Justice* (Downers Grove, IL: InterVarsity Press, 2012), 10.

## CAPÍTULO 6: RAJAB

1. Katharine Doob Saakenfeld, *Faithfulness in Action: Loyalty in Biblical Perspective* (Filadelfia: Fortress Press, 1985).
2. Para investigar más a fondo los diversos atributos de *kjésed*, puedes leer *Inexpressible: Hesed and the Mystery of God's Lovingkindness*, escrito por Michael Card (Downers Grove, IL: InterVarsity Press, 2018).
3. *Latino Voices*, «Latinas Disproportionately Affected by Human Trafficking in the U.S.», Huffington Post, 30 de enero del 2013, www.huffingtonpost.com/2013/01/30/human-trafficking-latinas_n_2581830.html.
4. Línea nacional contra la trata de personas: https://humantraffickinghotline.org. Faith Alliance Against Slavery & Trafficking: http://faastinternational.org. Oficina de trata de personas: https://www.acf.hhs.gov/otip/partnerships/look-beneath-the-surface. Encuentra guías de oración, estudios bíblicos y recomendaciones de libros en https://justiceco.org/resources/pray/faith.

## CAPÍTULO 7: LA MUJER CANANEA

1. George Arthur Buttrick, ed., *The Interpreter's Bible*, volumen 7, *Matthew, Mark* (Nueva York: Abingdon Press, 1951), 442 43.

## CAPÍTULO 8: RUT

1. M. Daniel Carroll R. y Leopoldo A. Sánchez M., *Immigrant Neighbors Among Us: Immigration Across Theological Traditions* (Eugene, OR: Wipf and Stock, 2015), 102.
2. Carroll y Sánchez, *Immigrant Neighbors Among Us*, 10910.

## CAPÍTULO 9: TABITA

1. Existen tres recursos que me han ayudado, de manera significativa, a aprender la historia de las mujeres latinas en Estados Unidos y su impacto en la religión. El primero es *A Reader in Latina Feminist Theology: Religion and Justice*, editado por María Pilar Aquino, Daisy L. Machado y Jeanette Rodriguez (Austin, TX: University of Texas Press, 2002). Este material abarca varias narrativas desde perspectivas diversas. El segundo recurso es un capítulo escrito por Daisy Machado: «Voces de Nepantla: las latinas en la historia religiosa de EE. UU.», del libro *Feminist Intercultural Theology: Latina Explorations for a Just World*, editado por María Pilar Aquino y María José Rosado-Nunex (Maryknoll, NY: Orbis Books, 2007). Esta historia es más específica a mi contexto actual en Texas. Y el tercer recurso es el que mayor impacto ha tenido en mi formación: *Latina Evangélicas*, escrito por Loida Martell-Otero, Zaida Maldonado Pérez y Elizabeth Conde-Frazier. Este libro ha hablado de manera directa a mi experiencia evangélica en Estados Unidos.
2. Leer «Traditional and Nontraditional Patterns of Female Activism in the United Farm Workers of America, 1962 a 1980», escrito por Margaret Rose, en *Frontiers: A Journal of Women Studies* 11 (1990): 26-32.
3. Rose, «Traditional and Nontraditional Patterns of Female Activism», 38.
4. C. René Padilla, *Misión integral: ensayos sobre el reino y la iglesia* (Grand Rapids: Eerdmans, 1986).

## CAPÍTULO 10: LIDIA

1. George Arthur Buttrick, ed., *The Interpreter's Bible*, volumen 9, *Acts* (Nueva York: Abingdon Press, 1954), 217.
2. Visita la página electrónica de InterVarsity LaFe: http://lafe.intervarsity.org.

## CAPÍTULO 11: DÉBORA

3. M. Daniel Carroll R. y Leopoldo A. Sánchez M., *Immigrant Neighbors Among Us: Immigration Across Theological Traditions* (Eugene, OR: Wipf and Stock, 2015).

# ACERCA DE LAS AUTORAS

**NATALIA KOHN** es coordinadora de proyectos especiales para el ministerio LaFe de InterVarsity. También es parte del personal del campus en el sur de California y en la Pasadena International House of Prayer [Casa internacional de oración en Pasadena] donde capacita en las áreas de oración y adoración, y dirige viajes de grupo al Medio Oriente. Natalia nació en Argentina y creció en Estados Unidos como una latina bicultural.

**NOEMÍ VEGA QUIÑONES** es la directora ministerial de la región en el sur de Texas para InterVarsity Christian Fellowship [Comunidad cristiana InterVarsity]. Cuando Noemí tenía cinco años, ella y su familia se mudaron de México a Estados Unidos y se establecieron en California. Ella ha ejercido como profesora adjunta en el Fresno Pacific University Biblical Seminary [Seminario bíblico de la Universidad del Pacífico en Fresno] y es autora de *The Well* y *The High Calling*.

**KRISTY GARZA ROBINSON** es una mexicana-estadounidense de tercera generación del sur de Texas. También es cofundadora de 58, un ministerio que ayuda a iglesias y otras organizaciones a luchar contra la injusticia sistémica y racial. Trabajó con anterioridad en el campus con los ministerios Destino (de Cru) y LaFe (de InterVarsity).